PARA...
MAIS PAS QUE

Avec la collaboration de Murielle Neveux, Mémoire et portrait
memoireetportrait.com
Édition : BoD – Books on Demand, info@bod.fr.
Impression : BoD – Books on Demand, In de Tarpen 42,
Norderstedt (Allemagne)
Impression à la demande

ISBN : 978-2-3225-1934-7

Dépôt légal : Juin 2024

Photo de couverture : Jean-Michel Girardin en 1997, lors de la célébration du bicentenaire du premier saut homologué en parachute par Jacques-André Garnenin depuis une montgolfière

PARA...
MAIS PAS QUE

Par
Jean-Michel Girardin
dans le rôle-titre

et
Noël Dompnier,
dans le rôle de narrateur

Un triomphe !

La soirée avait été un triomphe ! Plein jusqu'au poulailler, le théâtre Charles Dullin avait retenti des cascades de rires d'un public en or, venu s'amuser et qui ne s'était pas retenu. La pièce, d'un auteur étonnamment peu connu, possédait un rythme et des enchaînements magistralement emboîtés.

Jean-Mi avait investi avec bonheur un rôle taillé pour lui et, bien secondé par le reste de la troupe et notamment par son complice Philippe, il avait attaqué les spectateurs à la rate dès sa première apparition et ne les avait pas lâchés jusqu'au baisser de rideau. Au moment de la présentation lors du salut final, une standing ovation enthousiaste avait salué la prestation de cette troupe, talentueuse bien au-delà de la simple appellation d'amateurs. Pendant ces minutes d'applaudissements durant lesquelles le temps se fige, Jean-Mi avait senti son esprit comme bloqué à l'instant présent. Point de passé, point de futur, simplement des flots de bonheur qui le submergeaient et l'empêchaient de penser... Il planait.

Il y avait eu ensuite la rencontre avec le public qui, dans le hall du théâtre, attendait les comédiens pour les féliciter : parents, amis, collègues, politiques locaux même, tous s'empressaient de bisouiller et complimenter. Difficile de ne pas être touché par cet engouement, cette ferveur dont on sentait bien la sincérité. Après, les gens avaient commencé à refluer vers la sortie, derniers bisous, dernières claques dans le dos. Les uns après les autres, les comédiens retournaient dans les loges pour se changer. Comme par hasard (mais en était-ce vraiment un ?), Jean-Mi vit ses pas le conduire dans la galerie des tableaux où figuraient les portraits des grands qui jadis avaient foulé ces planches, Charles Dullin bien évidemment, Louis Jouvet et bien d'autres... Petit à petit, l'euphorie qui l'habitait depuis un moment commença de s'estomper et laissa place à d'autres ressentis plus profonds. Qu'est-ce que je fais là ? Est-ce que j'aurais pu... ? Bien sûr, il ne prétendait rien et ne s'imaginait pas rivaliser avec les monstres sacrés de la scène dont son regard effleurait les portraits, mais un sentiment de frustration l'empêchait de se contenter de la joie pure et simple de cette soirée. S'avouer qu'il aurait bien aimé tenter l'aventure n'était pas difficile, l'envie couvait depuis si longtemps ; les braises sommeillaient sous la cendre de la réalité quotidienne qu'il avait bien dû affronter comme tout le monde, prêtes à se raviver à la première occasion. Et le manque qui l'habitait avait été d'autant plus mal vécu qu'il ne s'agissait pas pour lui d'une lubie d'adolescent comme on en rencontre parfois, le genre d'annonce destinée à se faire mousser. Réellement, il avait ça dans la peau, dans le sang, dans les gènes. Il avait toujours été l'amuseur, prêt à rigoler et surtout à faire rire les autres, le clown disposé à égayer l'atmosphère. Et son inclination s'était nourrie des émissions de télévision *Au théâtre ce soir*, *La piste aux étoiles*… Quand il vibrait devant ces spectacles, il sentait au plus profond de lui que sa vie se nichait là. Alors quoi ? Que s'était-il passé pour qu'il ne puisse s'engager dans la voie dont il rêvait ? Certes, il ne se trouvait pas le seul à connaître ce genre de déconvenue, la foule de celles et ceux qui ont un sort identique est si nombreuse, on le sait bien. Les chemins de la vie s'avèrent parfois (souvent ?) capricieux et conduisent là où on ne pensait pas aller. Alors, à chacun de prendre une direction plus ou moins maîtrisée, ou bien aléatoire, qui engendrera un devenir plus ou moins original. Original, celui de Jean-Mi devait l'être à bien des égards. Mais pour en prendre la mesure, il convient de commencer par le commencement.

Il arrive parfois que l'avènement d'un destin mal embarqué soit mis sur le compte d'une « enfance malheureuse », cliché souvent utilisé par des avocats en mal d'arguments. Tel n'est pas le cas de notre sujet, qui passe une enfance heureuse au sein d'une grande et chaleureuse tribu. Écoutons-le en parler :

« Ma famille est très importante pour moi. Mon arrière-grand-mère maternelle, Maria, espagnole de son état, est arrivée en France dans les années 30 avec ses quatre enfants, un fils et trois filles. D'une de ses filles (ma grand-mère maternelle, prénommée Basilia) est née ma mère (Eusébia). Toute cette grande famille vit, ou a vécu, à Lourdes, pour la plupart. J'ai énormément de souvenirs avec mes cousins et cousines mais également avec mes grands cousins et grandes cousines. J'ai vécu une belle jeunesse avec des vacances régulières dans les Pyrénées, dont je garde des souvenirs très précis, et des réunions de famille incroyables où tout était prétexte à faire la fête. À cette époque, j'assumais (déjà) mon rôle d'animateur, de boute-en-train avec chansons, sketches et déguisements en tout genre. On m'encourageait sans retenue en me glissant çà et là pièces et billets. Des spectacles improvisés dans la rue Lamartine, avec Riri, JC et Jérôme, les concours de plongeon à la piscine municipale couverte, les journées pluvieuses au foyer et nos escapades à la pêche… les journées poétiques, rue Mozart avec la cousine Joëlle et nos baisers volés. J'ai passé de nombreuses vacances d'été chez un oncle de Maman, Tonton Pierrot, et son épouse Tatie Maïté, dont je garde le souvenir d'une grande tendresse. J'y ai appris beaucoup sur le sens de la vie, la générosité, le devoir et la force du travail à la ferme. J'ai également des souvenirs très présents des moments passés avec mes grands-parents paternels à Courbevoie. Cette jeunesse que j'ai crue très longtemps éternelle, me laisse penser que j'ai une famille extraordinaire à qui je dois certainement beaucoup. Tous ces instants gravés au plus profond de moi ont sans nul doute contribué à façonner une fibre que j'ose nommer artistique. Même les enterrements sont l'occasion de grandes retrouvailles et d'une forme de "bonheur partagé". »

Heureux d'être ensemble.

Parmi tous les souvenirs de l'enfance, chez Jean-Mi comme chez beaucoup, ceux passés à la campagne tiennent une place privilégiée.

« S'il y a dans ma vie une période chère à mon cœur, c'est sans nul doute celle que j'ai passée à la ferme. Mon terrain d'aventures. Mes parents avaient pris l'habitude, dans mes années prépubères, de m'envoyer passer une partie des vacances estivales chez l'oncle de ma mère à Lourdes, afin, dans un premier temps, de souffler un peu mais également pour me permettre de m'épanouir différemment.

Cette ferme, c'était celle de mon grand-oncle Pierre, dit Pierrot, et de son épouse Marie-Christine, dite Maïté, rencontre d'un Espagnol et d'une Basque, cocktail d'une grande richesse, débordant de tendresse et posant un regard bienveillant sur ce petit Toulousain à l'accent roulant, à la ponctuation typique bordée de briques roses et d'un "con" chantant. Les interdits de Papa et Maman disparaissaient. Je pénétrais dans un monde de couleurs, d'odeurs et de saveurs différentes, où régnait une approche plus philosophique de la vie, plus vraie peut-être ? Je découvrais le laitier qui déposait les yaourts et le lait sur le seuil de la maison chaque matin. Le boulanger et sa

4L fourgonnette à l'odeur de pain grillé inimitable. La bétaillère de Tonton dans laquelle nous voyagions discrètement, bravant les interdits. Kid, le chien des Pyrénées, fidèle compagnon que j'abreuvais d'ordres et de contrordres, me transformant en véritable berger et en maître-chien émérite. La guitare, à laquelle mes grands cousins m'initiaient gentiment. Les cochons, que je gardais avec le plus grand sérieux, investi de la mission suprême du porcher en vacances. Les réveils matinaux, très matinaux parfois, pour observer avec des yeux d'enfant le négoce des éleveurs coiffés d'un béret basque, béarnais ou bigourdan, la cigarette roulée au coin des lèvres au patois de circonstance et à la gestuelle "maquignonesque", incompréhensible pour le profane que j'étais.

Ces journées m'enivraient d'odeurs animalières, me gorgeaient d'informations, m'enthousiasmaient, et faisaient naître au plus profond de moi un sentiment de vie. L'école était loin, très loin, j'oubliais les copains du quartier, le rugby, mon Toulouse. Je me souviens de ce jardin entretenu d'une main efficace par Maïté, des légumes de saison, piments verts doux (padrons) dont nous nous régalions en omelette, concombres savoureux (pépinos), haricots verts et tomates dont les salades nourrissaient mes jeunes papilles. Lors de ces journées sans fin bien connues des gens de la terre, nous dînions parfois à la belle étoile, de frites ou de patates rissolées, de ventrèches grillées, et d'un morceau de bethmale qui reste encore pour moi un fromage marqué de la signature des grands noms. Je découvrais le café au lait du soir adouci de chicorée au goût caramélisé unique, avant de plonger dans un lit bien trop grand pour moi, sous une couette dans laquelle je disparaissais jusqu'au petit matin. Mes nuits relevaient du sommeil du juste.

Tout me comblait de bonheur. Je me réveillais parfois au petit matin, sautant de mon lit pour m'apercevoir que la bétaillère n'était plus là, partie sans moi, ni la camionnette de Tatie. J'en languissais le retour. Je profitais une nouvelle fois de la piscine, découverte cette fois-ci sous le regard bienveillant de mes cousins Josette et Denis, plus âgés que moi, que le travail à la ferme n'émerveillait pas ou plus, qu'attiraient les sirènes d'une adolescence aux désirs décalés par rapport aux miens, et aux amourettes naissantes.

La ferme, c'était un ou deux hectares de pré, de champs et de bois sur laquelle une vieille ferme marquée par le temps trônait en bonne place. Mon regard d'enfant se repaissait de chaque instant. Ici une truie mettant bas, là un verrat gigantesque baptisé Prosper, récupérant de la lourde tâche incombant à son rôle de reproducteur. La fosse à purin interdite d'approche, le vieux chien de garde, trop souvent attaché (interdisant l'accès des lieux aux curieux ou aux mal intentionnés) à qui je vouais une certaine tendresse. Les Pottoks (lire potioks), nobles poneys du Pays basque en attente d'une estive heureuse sur le plateau de Payolle en Haute-Bigorre. Il m'arrivait de les monter à cru, sous le regard amusé de mon grand-oncle, accrochant ma vie à une crinière abondante ou un licol défraîchi. Mon sourire souvent jaune ne m'empêchait pas de devenir le temps d'un instant Zorro, d'Artagnan ou le Chevalier Ardent, chaussé de bottes à bouts pointus (un peu trop grandes pour moi), tel le cow-boy avide de grands espaces…

Aujourd'hui encore, j'éprouve une tendresse particulière pour ces moments de bonheur passés, une pincée de nostalgie dont je regrette l'évanescence et un sentiment d'inachevé. Mais heureusement, le temps n'en a pas encore effacé l'empreinte… »

Mais dans la vie, il n'y a pas que les vacances à la campagne. Toulouse ô Toulouse.
Avec les copains du quartier (Olivier, Etché, Éric, Lucho, Gallus, Toutou, Mylène), les activités se dirigent assez naturellement vers le sport : natation tout d'abord avec les frangines, gymnastique, judo et surtout l'incontournable

En 1977 ou 1978, avec mon équipe du TCMS, lors d'une finale de championnat régional brillamment perdue… (Je suis accroupi au 1er rang, à l'extrême gauche.)

rugby, religion prééminente dans ce sud-ouest, terre d'Ovalie. Jean-Mi, quelque peu maigrichon (chiringlet) ne fait pas de miracles dans ces disciplines car la performance pour elle-même ne le motive pas outre mesure.

On retrouvera plus tard ce peu de goût, ce qui à l'occasion ne manquera pas de lui jouer des tours, et même de lui nuire. D'ailleurs il ne se reconnaît pas de compétences physiques extraordinaires en termes de vitesse, puissance, détente, qualités que l'on cherche à repérer immédiatement quand un jeune débute dans un sport… les fameuses dispositions. Ses qualités à lui (car il en possède) sont moins évidentes, moins visibles, demeurent sous-jacentes, latentes, et se révéleraient plus tard dans son évolution…

L'école primaire révèle un écolier dissipé, aux résultats en dents de scie, amuseur de classe (il y en a toujours un) mais au fond sérieux tout de même. Car se profile ici le moment redouté du bulletin scolaire : le papa n'est pas toujours satisfait des notes, s'ensuivent des baffes et des punitions que Jean-Mi vit évidemment mal. Son père, ancien chef de cuisine devenu professeur au lycée hôtelier de Toulouse serait quelqu'un que l'on qualifierait sans doute aujourd'hui de « psychorigide » : éducation, éducation, éducation… Jean-Mi doit affronter cette personnalité, que celle de sa mère n'adoucit pas forcément. On perçoit alors les prémices, ou le fondement, d'une attitude qui aura avec l'autorité des rapports épineux, souvent à la limite du hors-jeu et parfois au-delà.

Toutefois à la fin du primaire, l'institutrice (Mme Dudo) a observé certaines dispositions de son élève, des compétences : il est très bon en récitation, souvent cité en exemple pour sa manière de les réciter.

Une opportunité se présente sous la forme d'une note de service. Le garçon est appelé à la fin de la classe.

— Jean-Michel !

— Oui Madame ?

— Je te propose une idée. L'inspection d'académie organise prochainement un concours départemental de diction pour les élèves de CM2. Je souhaite que tu y participes.

— Oui mais… Il faudra faire quoi ?

— Apprendre trois textes et les réciter devant un jury. Tu es bon en récitation, tu devrais réussir à te débrouiller.

— Bien Madame.

Donc, on se prépare. Les poèmes sont travaillés. Il y a parmi eux le célèbre *Mignonne, allons voir si la rose.* Deux sont relativement faciles, le troisième est plus ardu.

Le jour venu, l'institutrice emmène Jean-Mi dans une école du centre de Toulouse. Beaucoup de monde dans la cour de récréation. Notre garçon se sent un peu perdu, il ne connaît personne, ni aucun des participants en provenance de tout le département. On les fait entrer dans une salle de classe, un jury, composé d'enseignants, est installé sur l'estrade. Les candidats sont ensuite appelés à se produire. À chacun de donner la meilleure prestation de la récitation de son choix. À la fin, on annonce le petit nombre de qualifiés, Jean-Mi en fait partie.

On passe donc au deuxième et dernier tour, pour lequel le choix du jury se porte sur le texte le plus délicat à interpréter. Jean-Mi s'en sort plutôt bien, aucun des autres élèves ne l'impressionne. Les candidats vont ensuite attendre dans la cour, pendant que le jury délibère.

Mme Dudo vient dire à Jean-Mi :

— Bravo, tu es deuxième !

À la remise des prix, il reçoit un recueil de poésies et un petit diplôme. Le gagnant du concours doit pour sa part renouveler sa prestation… prestation qui ne manquera pas d'interpeller l'esprit en éveil de Jean-Mi. Un peu

déçu, malgré tout, Jean-Mi n'ose rien dire, ni réclamer.
Lorsqu'elle le ramène chez lui, l'institutrice lui dit :
— Le gagnant est le fils du recteur d'académie… Tu comprendras plus tard.
Comme l'aurait dit Brassens, une arête à avaler… Le fameux… « Oui… Mais ! »
Pendant les années collège, Jean-Mi participe au club de théâtre avec toujours la même envie et le même bonheur. Des professeurs incitent ses parents à l'inscrire au lycée qui accueille le Conservatoire, mais il se heurte à une fin de non-recevoir, non il n'en est pas question. Autant il peut participer à bon nombre d'activités sportives, autant le théâtre n'est pas admis dans la sphère parentale. Et l'on retrouvera cette attitude au moment de l'entrée en seconde. Jean-Mi pourrait prendre l'option théâtre en sus des cours normaux. Il rencontre ici la même opposition, le théâtre est considéré comme une activité de saltimbanque, peu à même de conduire à un vrai métier.
En désespoir de cause, à l'issue d'un voyage scolaire, il envisage d'essayer la cuisine. Mais la réponse paternelle reste tout aussi nette :
— Non, pas question, je ne te veux pas comme élève !
Nouvelle arête à avaler.
Il suit la filière G3, jusqu'au baccalauréat, au programme d'études bien éloigné de ses préoccupations, de ses envies, de ses rêves. Le club théâtre du lycée, dont il peut faire partie, lui apporte peu de satisfaction. Jouer *La machine infernale* de Jean Cocteau le fait mourir d'ennui. On

est loin, très loin du fameux *Au théâtre ce soir*.

Jean-Mi passe le bac sans succès mais obtient le BAFA, il encadre une colonie de vacances et se voit rapidement concerné par le service militaire.

Conseillé par des proches, il devient gendarme auxiliaire, en poste au Peloton de gendarmerie de haute montagne d'Oloron-Sainte-Marie, dans les Pyrénées-Atlantiques. Il y apprend le goût de l'effort à haute intensité. La course à pied et la marche en montagne constituent l'alpha et l'oméga des exercices.

Et c'est là que les qualités intrinsèques de notre sujet, dont on a dit précédemment qu'elles n'étaient pas très apparentes, vont se révéler progressivement. De taille moyenne et fin comme un fil (chiringlet), il possède un cœur de champion et des jambes de feu (d'où son surnom de « gazelle » dans ses années rugby). Il devient rapidement l'un des meilleurs du peloton, non par goût mais nécessité :

— En fait, avoue-t-il, si tu veux de l'eau chaude à la douche, il est préférable d'arriver dans les premiers, sinon, tu te laves à l'eau froide…

Ceux qui s'attendaient à une envolée lyrique à la gloire d'une jeunesse sportive seront certainement déçus, « *Mens sana in corpore sano* », d'accord, mais propret le corpore, n'est-ce pas ?

Jean-Mi se fait évidemment des copains et avant la fin du service militaire, ceux-ci envisagent une carrière dans la gendarmerie et préparent le concours d'entrée. En mal de projet et sans aucune perspective dans le futur proche, il prend la décision de les imiter, réussit les épreuves et se retrouve élève gendarme en avril 1984 à Chaumont, préfecture de la Haute-Marne, ville inconnue jusqu'alors de notre jeune Jean-Michel.

La période de formation dure huit mois, au cours desquels l'emploi du temps s'avère chargé, avec un programme très dense. L'opération « eau chaude pour la douche » a toujours tout son sens. Les organismes sont poussés à bout, les nerfs tendus peuvent craquer à tout moment. Et le moment arrive un jour au mess. Repas par table de dix. Jean-Mi et ses copains ont l'habitude de l'une d'entre elles. Comme de coutume, il y a un importun pour semer la zizanie. Nous voilà neuf assis avec notre Jean-Mi en dindon de la farce, debout en bout de table. Échange d'amabilité, « tu comprends c'est notre table, sois sympa, installe-toi ailleurs… ». L'autre ne veut rien savoir, le ton monte, nouvelle réplique qui en appelle une autre plus insultante, l'étape suivante se matérialise par un bourre pif, salvateur, que lui administre Jean-Mi ! S'ensuit une échauffourée, les collègues séparent nos deux belligérants qui finissent dans le bureau de l'adjudant, gradé de semaine (dans l'armée, gradé chargé de l'organisation et de la bonne marche des activités pendant une semaine donc). Jean-Mi n'en mène pas large, il sait que cela peut lui valoir une sortie définitive de la gendarmerie. Mais, allez savoir pourquoi, sa marraine astrale se trouve à ses côtés ce jour-là pour lui sauver la mise. L'adjudant en question s'avère être un ancien béret rouge, parachutiste, qui en a vu d'autres et qui considère qu'une avoinée entre gens de bonne compagnie est signe de bonne santé et de vitalité, propre à engendrer des mecs qui en ont deux et pas des pleureuses tout juste aptes à monter la caisse (garde) dans un blockhaus en temps de paix. Donc, il écrase l'affaire :

— Il ne s'est rien passé, rien du tout, vous m'avez bien compris ? Que je n'entende plus parler de vous…

Ouf ! le coup n'est pas passé très loin mais le chapeau n'est pas tombé. Il lui en coûtera tout de même une trentaine de places au classement final.

Pendant ces quelques mois, Jean-Mi et trois de ses collègues iront, durant une semaine, faire tester leurs niveaux de pratique et de connaissances alpines au CNISAG (Centre national d'instruction de ski et d'alpinisme de la gendarmerie) à Chamonix. Ski, escalade, randonnée, exercices théoriques… Le bilan se révèle positif, délivrant les prérequis pour une place en unité montagne à l'issue du stage.

Peu avant la fin de l'épisode Chaumont, le cross de l'école est organisé. Jean-Mi termine quatrième sur six cents participants, ce qui lui octroie, de fait, une place qualificative pour le prochain championnat de France militaire.

Lors de la proclamation des résultats, le colonel commandant de l'école informe Jean-Mi qu'il pourra représenter l'école, s'il le souhaite, ou sa future unité d'affectation. Mais là encore sa « caboche » se manifeste :

— Euh, non merci, mon Colonel, je n'y tiens pas… Je cède

ma place à qui le souhaite…

— Très bien, je le note, le suivant te remplacera.

Ça se passe aussi simplement que cela, mais la musique sera tout autre quelques jours plus tard à Chambéry.

Pour la fête organisée à la fin du stage où les familles sont conviées, Jean-Mi interprète un sketch écrit par ses soins, inspiré du comique du moment, Roland Magdane, où il brocarde un tant soit peu les cadres formateurs, souligne les tics et les manies de l'institution à laquelle il a prêté serment quelques jours auparavant, au grand dam de sa mère qui craint de le voir exclu. Il n'en sera pas question, bien évidemment, le commandant de compagnie ayant validé la prestation, le jour de la répétition générale. L'hilarité des spectateurs lui donnera raison.

Jean-Mi est muté à Chambéry où il arrivera en novembre 1984, tout juste âgé de vingt ans.

Un alignement facétieux des planètes va lui jouer un tour quelque peu pendable. Le moniteur EPS de Chaumont n'est autre qu'un ancien gendarme de Chambéry, qui téléphonera à son ancienne unité pour l'informer qu'un jeune et fringant bipède du nom de Girardin quittant tout juste l'école va bientôt rejoindre l'unité ; il dressera un rapide profil de notre Jean-Mi et vantera ses qualités de coureur à pied. Dommage !

Tout nouvel arrivant dans une unité se doit de se présenter à son nouveau commandant d'unité, en l'occurrence ici, un jeune capitaine issu des troupes de montagne, peu enclin à la gaudriole. Tenue de sortie irréprochable, che-

À l'école de gendarmerie, ce fameux jour où je décline la proposition du colonel de participer aux championnats de France militaire...

veux coupés court sans coupe arrêtée, gants blancs, képi neuf. Jean-Mi se veut irréprochable. Passé les préliminaires d'usage, s'engage l'informel :

— Alors Girardin, je vois dans votre dossier que vous êtres un excellent coureur à pied, c'est pourquoi j'ai décidé que vous ferez partie de l'équipe escadron pour aller nous représenter au prochain championnat de France militaire.

Petit silence gêné de Jean-Mi qui s'étonne de cette prise de décision. Avoir dit non à un colonel en école n'est-il pas suffisant ? Le ton du capitaine ne laisse aucun doute ni aucune place à la contestation, et pourtant :

— Non, mon Capitaine, j'ai refusé de courir pour l'école de la gendarmerie, ce n'est pas pour l'accepter dans ma nouvelle unité. Cela ne m'intéresse pas.

Le visage du capitaine se fige, blêmit, ce qui l'empêche de devenir vert de rage ou rouge de colère. Comment ça, un jeune gendarme tout juste sorti de l'école qui se permet de refuser l'honneur de participer au championnat de France ? Et qui s'autorise à le dire tout net, à refuser d'obéir à un ordre de son capitaine ? On imagine alors tout ce qui peut se passer dans la tête de l'officier et que l'on peut traduire aisément : Ha, ha une forte tête, parfait, j'aime ça, tu veux jouer au con, avec moi, ça fera deux, et t'es pas sûr de gagner…

Mais il reprend le cours normal de l'entretien :

— Très bien nous verrons cela. Que voulez-vous faire alors ?

— Eh bien, je me verrais bien monter une équipe de rugby, et puis je souhaiterais passer mes qualifications montagne été et hiver dans l'idée de m'orienter vers les secours en montagne, plus tard…

Et le capitaine de se délecter de sa liste de vœux de façon à pouvoir les refuser plus aisément. Il n'avait pas senti l'incongruité de la situation, notre pauvre Jean-Mi, tout jeune frais émoulu, loin des principes militaires, et il allait le payer cher.

Il s'ensuivra des journées parfois difficiles, forgeant son caractère, souvent en opposition avec une hiérarchie d'une autre génération. Les moindres écarts, aussi minimes soient-ils, seront prétextes à corvées multiples et en tous genres, à tours de garde supplémentaires en passant par les demandes de stages refusées, les permissions annulées et notamment ce refus catégorique quand il demandera l'autorisation d'être le témoin de mariage de son meilleur copain d'enfance, Olivier. C'est sans compter sur la résilience et l'esprit combatif de notre jeune pandore. Jean-Mi participera malgré tout aux championnats de France, et mettra un point d'honneur à finir dans les derniers. Tant pis pour l'eau chaude, de toute façon, il n'a pas transpiré beaucoup…

Dès son arrivée à Chambéry, la recherche d'un exutoire se fait jour dans son esprit. Et la première opportunité se formalise sous la forme d'un art martial coréen, le taekwondo. Il nous en parle :

« Bercé très tôt par les films de Bruce Lee, je me rêvais, comme beaucoup d'adolescents de cette époque, en justicier des temps modernes, maître de mes pieds et de mes poings, dans une harmonie parfaite entre le corps et l'esprit, empreint de sagesse et de simplicité, tel David Carradine dans la fameuse série TV des années 70, *Kung Fu*.

J'ai découvert le taekwondo en 1980, quand je suis allé voir mes camarades de classe s'entraîner dans une petite salle du centre de Toulouse. Petite salle dans laquelle l'identité coréenne posait sa marque : drapeau national fixé au mur, odeur caractéristique des salles de sport de combat, mélange de cuir mouillé et de transpiration aux essences diverses, pratiquants en doboks (kimonos), commandements dispensés dans une langue qui m'était inconnue. J'ai tout de suite repéré les pratiquants les plus expérimentés, à leur gestuelle virevoltante maîtrisée, précise. Les frappes dans les sacs se faisaient lourdes et puissantes par moments, rapides et précises à d'autres. Des cris libérateurs ("kiap") accompagnaient chacun de leurs coups.

J'étais avec Bruce Lee, sur un plateau de cinéma, en immersion totale, un aficionado face à l'arène, de la 3D véritable, très loin encore de franchir le pas. »

C'est que les maîtres coréens qui viennent enseigner cette discipline affichent des tarifs inaccessibles aux peu fortunés. Ce n'est donc que quelques années plus tard que le taekwondo croisera une nouvelle fois son chemin. En renfort saisonnier à la brigade de gendarmerie d'Aix-les-Bains, il rencontrera de manière fortuite l'entraîneur du club de taekwondo local, qui l'invitera à venir essayer la discipline reine au pays du Matin calme. La passion vient de naître. Il poursuit :

> « Ma progression fut lente en raison d'une profession qui ne me laissait que peu de temps pour m'entraîner. Mais à force d'obstination, et également à pas mal de travail, je finis par passer ma ceinture noire 1er, 2e et 3e Dan, ainsi que mon brevet d'État 1er degré. Pas mal au regard d'un calendrier professionnel loin des standards de la fonction publique. Ne voyez là aucun sarcasme de ma part. Je m'essayai également à la compétition sans jamais franchir le niveau régional, mais toujours de façon honorable. J'accompagnais mes maigres trophées de quelques contusions et entorses m'invitant très souvent à relativiser. N'est pas Bruce Lee qui veut ! »

Bien des années plus tard, Jean-Mi ouvrira un club dans la banlieue chambérienne, le TKD73, mais cela est une autre histoire !

Entraînement de descente en rappel à Chambéry, vers 1988

Durant les deux années qui suivent son arrivée à Chambéry, le programme de Jean-Mi se déclinera en deux volets. Tout d'abord une formation complémentaire à l'instruction de base (qui doit l'amener au certificat d'aptitude technique) validant le passage à sous-officier de carrière, balayant tous les domaines : réglementation, sécurité, transmissions, mécanique, armement, topographie, maintien de l'ordre, police judiciaire.

Le cœur de l'activité comportera ensuite de nombreuses missions : palais de justice, transfèrements, renforts saisonniers en station de ski, maintien de l'ordre, services de sécurité en tous genres (Rallye de Monte-Carlo, Tour de France, Banque de France…) et les très attendus déplacements outre-mer.

Le premier entraînera Jean-Mi en Nouvelle-Calédonie, loin de ses repères, dans un village de la côte est du Caillou, Poindimié. Les conditions d'accueil au cantonnement sont spartiates, à la limite de l'insalubre. Les gendarmes s'en contentent, font en sorte d'en réduire l'inconfort et d'en améliorer les conditions de vie. Militaire un jour, militaire toujours. « Installez-vous ici », point barre.

Jean-Mi remarquera que lorsqu'une compagnie de CRS débarquait, elle envoyait son responsable syndical inspecter les lieux et valider, ou non, le cantonnement, exigeant au besoin un nouveau cantonnement. Toute la différence de statut entre le ministère de la Défense et le ministère de l'Intérieur de l'époque. Militaires pour les uns et fonctionnaires pour les autres.

On leur annonce un jour la visite de leur ministre de tutelle, Charles Hernu, qui vient sur place pour constater la situation politique et militaire en cette période troublée opposant partisans et adversaires de l'indépendance du territoire. On prépare la visite de l'autorité. Le capitaine commandant l'unité ordonne à ses gendarmes :

— Disparaissez, je ne veux plus vous voir de la journée. Allez vous planquer dans la jungle, à disposition immédiate, emportez des boîtes de rations.

Seuls le service de garde et celui rendant les honneurs seront présents. Le ton est donné !

Pourquoi une telle attitude ? On cherche le comment du pourquoi du parce que, mais les voies du Capitaine sont impénétrables.

Au campement, on met les petits plats dans les grands, nappe blanche, verres en cristal, amuse-bouche, langouste, cerf, fromage et dessert frais au menu… L'affaire s'annonce au point. L'hélicoptère de la gendarmerie dépose le ministre sur le stade local. À peine posé, un des assistants de Charles Hernu s'enquiert des détails du repas. On le renseigne, il devient blême :

— On ne vous a pas prévenus ? Monsieur le Ministre ne déjeune qu'au champagne !

Stupeur et affolement dans le comité d'accueil. Que faire ? La solution s'impose immédiatement, on renvoie l'hélico à Nouméa quérir le breuvage champenois ! Pensez donc, 190 kilomètres à vol d'oiseau. Rien n'est trop beau. Évidemment, pour un ministre socialiste ayant été accusé de collaboration sous Vichy, puis plus tard d'espionnage au profit des Russes, cela constituait une bien petite péripétie.

L'histoire ne dit pas malheureusement si le champagne arriva dans les temps et s'il fut servi frappé. Il eut été intéressant d'avoir l'avis des gendarmes terrés dans la forêt avec leur ration à bouffer. « Pas d'états d'âme », dira le ministre dans son allocution de circonstance.

Une autre mission extérieure de Jean-Mi vaut un petit détour et son pesant de képis. Il est envoyé en Corse, dans un joli petit village de l'intérieur des terres. Un jour faisant son footing, il croise une jolie femme corse. Ils bavardent un peu, beaucoup et à la fin, elle lui indique la pizzeria locale agrémentée d'une boîte de nuit où ils pourraient se retrouver un de ces soirs... Pourquoi pas ? Jean-Mi s'y rend et s'aperçoit que le patron des lieux n'est autre qu'une patronne et c'est justement celle qui, que, quoi, enfin bon, bref, n'ayons pas peur des mots, ils sympathisent... Sympathie qui naturellement les entraîne un peu plus loin dans la relation naissante. Jusque-là, on est dans une relation d'une banalité presque confondante entre adultes consentants, encore que, une femme corse draguant un gendarme et « pinsut » de surcroît, ça sort un peu de l'ordinaire. Puis voilà qu'à un moment, pendant un échange intime entre nos protagonistes, elle lui avoue gentiment que son père est un militant du mouvement autonomiste local... Pourrait-on traduire, un caïd du FLNC local ? L'enquête corse ne dit pas comment cette idylle « pinsut'esque » se termina… Bien, à en croire le principal intéressé.

Dans la guéguerre que lui mène son capitaine, Jean-Mi a absolument besoin de se trouver des activités à l'extérieur de la caserne pour faire tomber la pression. Il a déjà commencé la pratique du taekwondo, premier clapet de sécurité. Un cousin, aux portes de l'équipe de France de parachutisme, a attiré son attention sur cette discipline. En bavardant un jour avec des collègues de l'escadron, il aborde le sujet, surenchère, « t'as pas les c… »… Défi classique. On va bien voir !

Rendez-vous est pris au club de Chambéry, Jour J, Jean-Mi raconte :

« Défier la gravité, ressentir l'appel du vide, plonger, faire le grand saut… Nous voilà réunis, Daniel, Didier et moi pour une expérience majeure. Toutes les conditions sont réunies, beau temps, brise légère. À peine briefés, nous voilà équipés, et prêts à embarquer dans un Dornier à la voilure vrombissante. L'avion décolle face au lac, la terre s'éloigne. François, notre moniteur, qui sera et restera mon ami, accroche nos sangles d'ouverture automatique (SOA). Sur axe à 750 mètres d'altitude, le pilote réduit les gaz, la porte s'ouvre, l'air frais s'engouffre dans l'habitacle. J'entends à peine les consignes m'invitant à prendre position à la porte. Le vent relatif qui joue avec mes jambes à l'extérieur de l'avion m'enjoint à l'humilité. Une très grande humilité… Les gestes simples répétés plusieurs fois au sol semblent incroyablement difficiles à présent. Le regard rassurant, François m'invite à quitter l'aéronef. Je suis fou, c'est sûr, mais trop tard… Je suis déconnecté du présent. Oh putain, j'ai oublié toutes les consignes. Tant pis !

En une fraction de seconde, me voilà aspiré par le vide, projeté dans la troisième dimension, choc au niveau des épaules, je suis suspendu, tout est redevenu calme, silencieux, les consignes me reviennent à l'esprit. Je lève la tête, vérifie la coupole, je fais un tour d'horizon, repère la zone d'atterrissage (DZ). Le sol se rapproche, plus loin dans le ciel je devine d'autres voiles, certainement Daniel et Didier qui ont sauté juste avant moi. Je tire sur les commandes pour tenter d'orienter ma voile, le sol est déjà proche, je serre les jambes, redoute l'impact. Mais non, rien de violent, mes guiboles flageolantes il y a peu, retrouvent leurs fonctionnalités. Je me sens le roi du monde et rejoins mes camarades tout juste posés. Nous jubilons, parlons fort, prêts à remonter immédiatement. L'adrénaline est encore là inhibant notre peur récente… »

Jean-Mi débutera avec ses camarades une formation dès le printemps suivant. Le parachutisme ne quittera sa vie qu'en 2007, un fil rouge, un exutoire, une drogue… On pourrait ajouter : avec le taekwondo, un kit de survie mentale…

En avril 1986, Jean-Mi commence sa formation au para-club de Chambéry. Précisons-le bien, c'est pour l'heure un loisir civil, qui n'est pas en rapport avec la gendarmerie. Autant que faire se peut, il multiplie les sauts durant son temps libre, leur enchaînement n'étant interrompu que par les missions, le porte-monnaie déficitaire et la météo capricieuse. En moins d'un an, il cumule une bonne cinquantaine de sauts. Pas un record, loin s'en faut. Lors d'une permission, il part en stage à Avignon dans le but d'obtenir la qualification voile contact. Mais à ce stade, il faut revenir sur tous les niveaux qui jalonnent la pratique de cette activité. Laissons Jean-Mi nous en tracer les grandes lignes :

« Le parachutisme est, comme toutes les disciplines sportives, soumis à une progression délivrant un ensemble de brevets et qualifications, requérant des minima techniques, pour évoluer de façon autonome.

Par autonome, il faut entendre une personne capable de : vérifier son matériel ; embarquer en toute sécurité dans un aéronef à voilure tournante ; se larguer ; maîtriser la position de base en chute libre ; se situer dans l'espace par rapport aux autres ; apprécier sa hauteur par une lecture altimétrique ; développer la notion d'espace-temps (temps passé en chute) ; déclencher l'ouverture de son parachute principal en position face sol ; savoir gérer les incidents mineurs pouvant être engendrés par une ouverture contrariée ; maîtriser la procédure de secours (PDS), c'est-à-dire savoir se libérer de sa voile principale et ouvrir le parachute de secours ; s'orienter sous voile ; se poser en sécurité et bien évidemment, plier son parachute…

À partir de là, on peut accéder à l'ensemble des disciplines liées à l'activité, telles que le vol relatif, la voltige, la précision d'atterrissage, le voile contact, le freestyle, le surf, la wingsuit… et cerise sur le gâteau, le fameux brevet C permettant d'effectuer des sauts de démonstration en dehors d'un centre-école réglementé.

En un peu moins de deux ans de pratique, entrecoupés par de nombreux déplacements professionnels, j'ai obtenu mes qualifications vol relatif et voile contact ainsi que le brevet C avec une centaine de sauts. Rien d'exceptionnel quand on connaît le milieu et que l'on a un tant soit peu la fibre aérienne. Mon cousin Patrice, à l'époque membre de l'équipe de France de voile contact, était déjà auréolé de plusieurs titres de champion

de France, d'Europe et du Monde, et de records !
Excusez du peu. Je n'en aurai pas le talent, ni la
carrière, juste la coûteuse passion… »

Après ces nécessaires précisions, rejoignons Jean-Mi en
permission, à Avignon Pujaut, en stage de voile contact.
Le secrétaire du para-club l'informe que son unité a télé-
phoné (eh oui, les portables n'existent pas encore à cette
époque), l'invitant à retourner à Chambéry. Quelle n'est
pas sa stupéfaction de recevoir une convocation pour se
rendre illico presto dès le lendemain à Lyon, au siège régional de la gendarmerie. But de l'opération : conseil de
discipline, falot, jugement dernier. Appelez ça comme
vous voulez. La cabane semble être tombée sur le chien,
le capitaine a monté un dossier visant à revoir l'intérêt de
conserver ce gendarme sous ses ordres et à réévaluer son
utilité pour l'armée. En gros, à le faire virer ! Rien que ça.
Il repasse à Chambéry donc, revêt ses plus beaux atours
et rejoint la capitale des Gaules dès le lendemain, en véhicule de service, accompagné d'un adjudant se déplaçant
pour raison de service, ou tout simplement pour garder
un œil sur notre Jean-Mi, au cas où… On n'est jamais assez prudent.
À Lyon, le « tribunal » est composé de deux généraux
(rien de moins). Garde-à-vous dans les règles de l'art,
Gendarme Girardin, escadron 5/15 de gendarmerie mo-
bile de Chambéry, à vos ordres mon Général… On exa-
mine le « prévenu » sous toutes les coutures, longueur

Entraînement de voile-contact, en préparation d'une tentative de record d'Europe, à Brienne-le-Château dans l'Aube, en 2002. (Je suis le 2e à gauche, au 5e rang en partant du haut.)

des cheveux, couleur des chaussettes (si, si), propreté des gants blancs…

L' « état des lieux » passé avec succès, vient la lecture de l'« acte d'accusation ». Il est reproché à Jean-Mi un certain nombre d'approximations (vive l'euphémisme) par rapport à la conduite idéale d'un jeune gendarme. « N'est pas assez gendarme en dehors des heures de services », pourra-t-on lire sur son carnet de notes. Comprendra qui veut. Le capitaine a mis le paquet dans le but ultime de radier notre jeune intéressé.

Jean-Mi n'en mène pas large, se sent acculé, fait comme un rat. Le piège se referme. Défile alors dans sa tête, le film de sa jeune carrière depuis Oloron-Sainte-Marie. Tout ça pour ça… Non !

Il comprend que face à des généraux, la meilleure façon c'est la défense offensive, alors il déballe ! Tout ce qu'il a dû subir, tous les manquements dont a fait preuve un jour ou l'autre sa hiérarchie, les noms fusent, les questions des officiers se font plus insistantes, les détails abondent, plus précis, Jean-Mi joue son va-tout, il n'a plus rien à perdre. La pertinence de ses arguments semble faire mouche, il se débat tant et si bien que finalement sa position au sein de l'institution ne sera pas remise en question. Il est absout… non sans quelques recommandations du chef de corps et de son adjoint qui, outre qu'ils détenaient son sort entre leurs mains, avaient sans doute eu vent de ce qui se passait à Chambéry. Jean-Mi qui se voyait radié il y a quelques heures, sera définitivement titularisé sous-officier de carrière. Sur le chemin du retour, le même adjudant qu'au voyage aller lui demande, sur un ton ne laissant planer aucun doute sur le fond de sa pensée :

— Alors, comment s'est passé votre entretien ?

— Qu'est-ce que ça peut vous faire ? Ça vous regarde pas ! Sacré Jean-Mi ! Il a une façon très personnelle d'établir des relations câlines et bien huilées avec sa hiérarchie !

La preuve encore. Arrivé à la caserne, il s'empresse de se changer pour retourner à Avignon finir son stage, il se met en civil, prend ses affaires, monte dans sa voiture et se voit arrêter au poste de sécurité.

— Tu vas où là ?

— Je repars à Avignon.

— Non, non, faut que tu passes chez le capitaine avant, pour lui rendre compte.

Et Jean-Mi en Jean's, polo, baskets aux pieds, se présente au bureau du commandant d'unité.

— Girardin, vous faites quoi dans cette tenue ?

— Je retourne finir mon stage à Avignon, mon Capitaine.

— Il ne vous serait pas venu à l'esprit de venir me rendre compte de votre entretien chez le chef de corps ?

Jean-Mi résume le déroulement de sa journée, voyant blêmir au fur et à mesure de ses explications son capitaine jusqu'au moment où il l'informe du verdict énoncé, et réclame, comme pour bien enfoncer le clou, de récupérer sa journée de permission perdue.

— Pas question Girardin, vous vous croyez où ?

— Mon Capitaine, le général m'a spécifié que ma journée

de permission perdue m'était due !

Le commandant d'unité fera appeler le secrétariat du général, qui confirmera ses dires.

On imagine la rage du chef, désavoué deux fois par l'autorité supérieure. Il continuera d'accumuler haine et rancœur à l'encontre du rebelle et fera en sorte de lui pourrir la vie par tous les moyens. Les mouches avaient changé d'âne, mais jusqu'à quand ? Jean-Mi finira son stage de voile contact à Avignon et validera sa qualification.

Ainsi, l'existence de Jean-Mi ne coule pas comme un long fleuve tranquille. Ni dans la gendarmerie donc, ni même dans la vie civile. Donnons un exemple et laissons-lui la parole :

« Un soir, dans une célèbre boîte de nuit d'Aix-les-Bains, je suis de sortie avec un camarade. Un Jean-Michel comme moi. J'ai mes habitudes dans cet endroit, et j'y suis connu comme un client fidèle et sérieux. Nous sommes installés au bar, discutant de nos vies, de nos envies, de nos futurs. Un individu qui s'avérera être "connu défavorablement des services de police", on connaît la formule, vient perturber notre discussion. Je l'invite à nous laisser et informe l'un des videurs du comportement de ce trublion qui interpelle toutes les personnes qui le croisent. Ensuite tout va très vite : il revient vers moi, m'interpelle, cherchant sans nul doute un nouveau camarade de jeu.

Pourquoi moi ? Peut-être que mon physique fin, catégorie des poids légers, attire plus facilement. Il faut dire que l'autre Jean-Mi est nettement plus costaud. Après des échanges d'amabilité, les premiers coups sont assénés, les copains du belligérant rappliquent et nous voilà repoussés hors de l'établissement, acculés contre la porte face à trois énergumènes avec qui nous n'avons manifestement pas d'atomes crochus. Coups de pied, coups de poing, les lèvres et les nez commencent à saigner, les os craquent mais la rage m'enivre et je ne sens plus la douleur des premiers instants. Ce n'était pas du Bruce Lee savamment orchestré, mais du Jean-Mi pure souche. Nous finirons à l'hôpital avec mon camarade, histoire de se faire recoudre, radiographier, plâtrer. Nos agresseurs étaient des malfrats recherchés pour de nombreux délits sur le bassin chambérien. Ainsi va la vie. Pourquoi moi, pourquoi nous ? Cette histoire n'arrangera pas mes relations avec ma hiérarchie directe. À un officier qui me disait : "Un gendarme cela ne se bat pas", je m'entends lui répondre : "J'aime mieux faire le boucher que le veau." Heureusement, la présence de mon camarade, réputé pour son calme et sa sagesse, tempérera le ressenti de ma hiérarchie.

L'affaire sera jugée quelques mois plus tard au tribunal de Chambéry en présence d'un des trois belligérants qui s'était fait arrêter. Torts partagés, 50/50, circulez y'a rien à voir, allez hop ! »

Cette histoire connaîtra une morale à retardement que Jean-Mi n'apprendra que bien des années après. En bavardant avec un ami non gendarme, tous deux s'aperçoivent qu'ils se trouvaient à Aix-les-Bains le même jour, au même endroit, au même moment. L'ami explique qu'avec quelques collègues, alors qu'ils passaient par là, ils assistèrent au déroulement de la bagarre, notant le déséquilibre du nombre, trois contre deux. Aussi, lorsque les malfrats s'enfuirent après leur complice altercation, ils les suivirent dans les rues adjacentes et leur flanquèrent une correction des familles XXL. (Y'a des trucs qui font du bien, quand on les apprend, quand même.)
Tous ces épisodes chaotiques pouvaient augurer assez mal de l'avenir de Jean-Mi dans la gendarmerie. Mais le destin veillait à ce que s'accomplissent les événements nécessaires. Lors d'un deuxième déplacement en Nouvelle-Calédonie, il va trouver son chemin de Damas…
Il nous raconte :

« Un jour de novembre 1987, je suis de garde au cantonnement à Thio, sur la côte est de la Grande Terre, siège du mouvement indépendantiste FLNKS, sous l'autorité de leur président Jean-Marie Tjibaou. Cette période de l'année marque le début de la saison chaude. Elle commence à marquer les corps de son empreinte solaire. À quelques centaines de mètres de ma position, un nuage de poussière s'élève, laissant apparaître un convoi de Jeep Willys se dirigeant droit sur moi. Je devine des hommes, en combinaison de saut kaki, aux mines patibulaires, armés jusqu'aux dents, fusils à pompe, Manhurin (pistolet six coups) à la ceinture, sans coiffe, bandanas en guise de masques et lunettes de jockey sur le nez pour filtrer la poussière évanescente. Des "Rambos" tout droit sortis d'une production hollywoodienne ! Waouh ! Le choc ! Les barbes naissantes laissent supposer des heures passées sur le terrain.

Je découvre sur la manche d'un dénommé Lulu (qui deviendra plus tard mon instructeur) la carte postale, l'insigne, le macaron comme on l'appelle, une coupole blanche dessinant, sans nul doute possible, un parachute, accompagné de l'inscription "Gendarmerie Nationale". Quelle n'est pas ma stupéfaction ! Qui sont ces hommes ? D'où viennent-ils ? Que font-ils ?

J'interroge mon pote Manfoutche, un Corse.

— C'est l'EPIGN, tu connais pas ? L'Escadron parachutiste d'intervention de la Gendarmerie nationale. Ils sont basés à Versailles-Satory.

— Ils font quoi, ces gars ?

— Des missions différentes de nous, je crois.

Des paras quoi ![1]

— Qu'est-ce qu'il faut faire pour rentrer là-de-dans ?

— Il y a des tests de sélection une fois par an en général.

— C'est quoi, les tests ?

— Pompes, abdos, tractions, marcher, courir, s'orienter, nager, tirer, boxer, etc., pendant une semaine de jour comme de nuit.

Sans quitter des yeux ces hommes dont je n'avais jamais entendu parler, illuminé par une révélation soudaine, je dis à Manfoutche :

— C'est ça que j'veux faire !

J'avais trouvé ma voie.

À partir de là, ma vie va basculer dans une autre dimension. Dès le lendemain, j'arrête de fumer (oui, parce que je fumais à l'époque) et mon quotidien consiste dès lors à me préparer pour ces tests. Je cours, je nage et muscle mon corps tant bien que mal. À l'ombre des cuisines du canton-

---

[1] L'EPIGN fait alors partie du GSIGN (Groupement de sécurité et d'intervention de la Gendarmerie nationale), créé en 1984, qui intègre aussi le GIGN (Groupe d'intervention de la Gendarmerie nationale), et le GSPR (Groupe de sécurité de la présidence de la République).
En 2007, via une importante réforme structurelle, le GSIGN disparaîtra au profit du grand GIGN actuel, plus moderne, plus fort, plus efficace, absorbant l'ensemble des trois unités initiales.
Voir : *L'EPIGN*, Alain Bétry, Atlante éd., 2001, et aussi :
Le GIGN par ceux qui l'ont commandé, P.-M. Giraud, Mareuil éd., 2023

nement, nous avons bricolé une salle de musculation : une planche avec quatre pieds faisant office
de banc, des boîtes de haricots remplies de ciment
dans lequel on plante une barre de fer pour les
haltères. On utilise tout ce qui peut l'être, on dé-
tourne tout objet de sa fonction première pour en
faire un appareil de musculation. »

Dans sa préparation physique, Jean-Mi allait rencontrer
un partenaire inattendu.

« Dans chaque cantonnement, il y a toujours un
ou plusieurs chiens. L'un d'eux, dont j'ai oublié
le nom, avait pris l'habitude de m'accompagner
tous les jours lors de mes footings matinaux. Il
en avait tellement pris le goût que chaque matin,
il venait gratter à ma porte à 5 h 30 (comme ré-
veil, ça valait bien tous les clairons et les "debout
là-d'dans bande de brêles", "magnez-vous l'train,
rassemblement dans trois minutes"). Ce chien, un
bâtard comme il y en a tant, était un croisement
de berger allemand et de berger belge. Le pelage
fauve, il avait la truffe partiellement fendue par le
coup de machette d'un Kanak, en recherche d'ap-
pât pour la pêche au requin. Il était donc devenu
très inamical envers les autochtones et m'assurait
un garde du corps efficace lorsque je traversais en
courant le village des tribus, disséminées de part

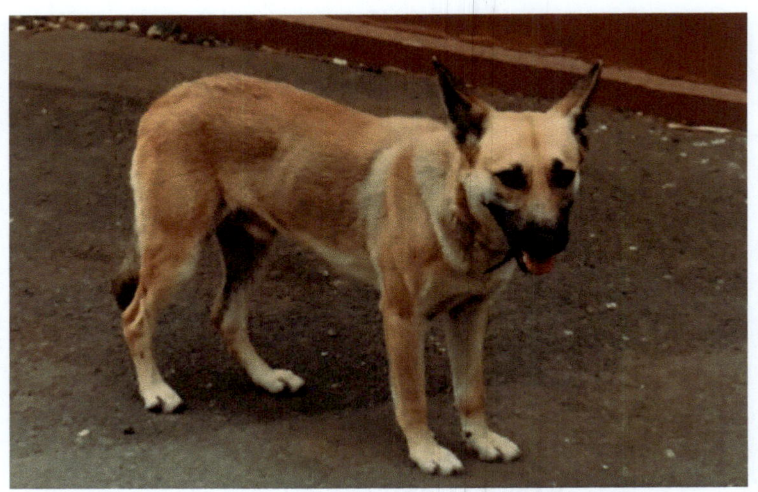

Un ami fidèle...

et d'autre de la route. Au bout de mon footing aller, je m'arrêtais nager dans l'océan (aller-retour parallèlement à la rive à quelques mètres du bord pour éviter les mauvaises rencontres au large). Il se couchait à côté de mes affaires et montait une garde impériale. Ensuite nous rentrions au campement et mon camarade canin disparaissait souvent jusqu'au lendemain matin, jamais trop loin des cuisines quand même.

Hélas, arrive toujours un jour de départ... Je me revois monter en dernier dans le camion qui doit m'emmener à Nouméa prendre l'avion pour la France. Il est là, mon ami fidèle, au pied du véhicule, les deux pattes avant posées sur le marchepied, ses yeux noirs plongés dans les miens. Imaginez la scène. Sait-il, sent-il qu'on ne se reverra jamais ? Qui pourra dire les larmes que ces compagnons de route ont fait couler en nous un jour ou l'autre ? Un serrement de cœur atroce me submerge quand le camion démarre. Mon regard n'ose pas croiser celui de mes camarades pour ne pas montrer l'émotion qui se lit dans mes yeux. Je les essuierai discrètement prétextant une poussière irritante. La fidélité de ce chien durant ces quelques semaines à Thio me laissera un sentiment étrange de culpabilité.

Quelques années plus tard, j'adopterai à la S.P.A. un chien me rappelant étrangement celui du bout du monde, pour le plus grand bonheur de mes enfants. Celui-ci s'appellera César... »

Que ce soit lors de ses missions extérieures ou durant ses périodes chambériennes, Jean-Mi, depuis qu'il a découvert les parachutistes de la gendarmerie en 1987, n'a pas cessé de se préparer physiquement. Courant le matin, nageant le midi et boxant le soir. Le destin va encore donner un petit coup de pouce en lui offrant de rencontrer Philippe Archambault, dit Archy, un homme extraordinaire, un cadre de l'EPIGN.

« J'ai fait sa connaissance peu de temps après mon retour de Nouvelle-Calédonie. Toujours dans "les bons papiers de ma hiérarchie", j'avais été désigné serveur du vendredi soir, une fois encore, au mess de l'escadron. Archy faisait partie à cette époque-là de l'équipe de parachutisme de la gendarmerie, en compétition de précision d'atterrissage (PA) à Chambéry. Il était également, à l'époque, président de la Section gendarmerie de parachutisme sportif (SGPS). Il savait, donc, que certains gendarmes de Chambéry y étaient inscrits, sautant pour leur loisir. Archy était assis avec d'autres de ses camarades compétiteurs à une table. Je me réservais la primeur du service bien évidemment, pas peu fier de servir ces hommes d'élite. Sa bonhomie, cachée derrière des yeux malicieux, un être exceptionnel, un meneur d'hommes. Sa voix m'invita à l'échange.

— C'est toi Girardin ?

— Oui Chef !

— Moi, c'est pas Chef, moi c'est Archy.

— D'accord.

— Tu sautes, paraît-il ? T'es le cousin de Girardin qui fait du voile contact ?

— Heu… Oui, oui.

— Qu'est-ce t'attends pour venir chez nous, Fils ?

Je rêve les yeux grands ouverts : d'abord Thio, où j'ai découvert l'EPIGN, et maintenant un de ses membres m'invite à rejoindre cette unité d'élite.

— Heu… Oui, pourquoi pas ?

— Tu te prépares et tu viens, OK, Fils !

— Heu… OK !

Je découvrirai en Archy un homme fédérateur, visionnaire, virtuose de l'équilibre entre le parachutisme civil et militaire, fin négociateur. Camarades et amis, nos relations seront toujours franches, directes, sans ambages, complices parfois, paternelles souvent, quelquefois conflictuelles malgré tout. Au moment où je le rencontre, je ne sais pas encore qu'il deviendra mon mentor et que je devrai l'accompagner trente-quatre ans plus tard à sa dernière demeure. »

En mai 1990, après plus de deux ans d'attente et d'entraînement, Jean-Mi est convoqué à Versailles-Satory pour présenter les tests d'entrée à l'EPIGN.

« Ça y est, j'y suis enfin, au bout de ces mois de préparation, d'obstacles franchis, de frustrations digérées. Seul, face à moi-même et contre tous les autres (concours oblige !) venus de différentes unités de la France entière. C'est un dimanche, en fin d'après-midi, nous sommes rassemblés dans un bâtiment froid et peu accueillant, comme savent l'être certains bâtiments militaires, portant nos sacs surchargés, nos précieux dossiers médicaux, prêts à en découdre avec ces fameux tests, tant espérés mais tout autant redoutés. Nous nous évaluons du regard, jaugeant nos physiques. Je m'aperçois alors que je rends bien des kilos à bon nombre de candidats. Les regards sont noirs, les corps tendus…

Les "hostilités" commencent immédiatement, pour ne cesser qu'au matin du vendredi suivant. Je ne verrai le lit sur lequel j'ai déposé mon paquetage que la première nuit, et encore, jusqu'à trois heures du matin, c'est tout.

Le menu est simple…

Pompes, abdos, tractions… Un maximum pour chaque groupe d'exercices. Corde lisse le plus rapidement possible et sans les jambes évidemment. Premiers échecs et première sélection.

Nous enchaînons après une très courte nuit (je l'ai dit plus haut) par les épreuves aquatiques avec un saut du plongeoir de 10 mètres, un 50 mètres pieds et poings liés, un 50 mètres en apnée et un 100 mètres chrono. Autant dire qu'une deuxième sélection se fait, les corps et les têtes lâchent déjà. Le saut du plongeoir de 10 mètres aura raison d'un certain nombre d'entre nous. Marche commando, 8 kilomètres avec sac de 11 kg sur le dos et toujours le plus vite possible bien sûr. Courses d'orientation de jour et de nuit avec différents ateliers, propices à évaluer la connexion de la tête et des jambes en état de fatigue et de stress. Parcours de nuit dans les bois et marais (c'est-à-dire, dans les marais). Parcours aériens pour juger de l'aisance et de l'agilité corporelle. Épreuve cynophile, où le chien ne semble pas être dans ce cas précis le meilleur ami de l'homme, ni le toutou à sa mémère. Nous apprécierons à sa juste valeur la puissance et le mordant de ces canidés. Épreuves de tir pour juger notre rapport à l'arme et notre appréhension. Parcours du combattant, mon physique de "chat maigre" me permettra d'établir un très bon chrono. D'autres corps lâchent, le nombre de candidats se réduit, je suis toujours dans la course.

Être et durer sera mon seul credo pendant ces jours où le temps semble être suspendu à une forme de "schizophrénie" contrôlée. Il y aura également des tests écrits après une longue nuit de marche très éprouvante malgré tout. L'épreuve suivante consiste à sauter d'un pont, non pas avec un élastique, mais à l'aide d'une corde. Celle-ci est arrimée de l'autre côté du pont par rapport à l'homme, passe sous l'arche du pont et vient s'accrocher au baudrier du candidat. Ce qui fait que lorsque celui-ci s'élance dans le vide, la corde se tend, entraînant l'homme dans un mouvement pendulaire sous le pont. Rien de technique, que du mental, faire confiance à l'autre, certains renonceront… Mais la journée n'est pas finie, la batterie de tests non plus. Être et durer… toujours.

L'épreuve de la buse vient également agrémenter cette sélection. Il s'agit de passer dans une buse de chantier d'écoulement des eaux, en rampant. Cette buse traverse une route, le diamètre de celle-ci n'inspire pas le chaland, les gabarits aux épaules de serpent, dont je peux faire partie, pouvant être considérés comme avantagés. On y laissera un peu de peau et beaucoup d'énergie. Les corps sont usés mais la volonté tenace. Suivant les épreuves, nous passons du statut de concurrent à celui de camarade, nous encourageant quand le besoin s'en fait sentir. L'aide, la solidarité, l'abnégation, la résilience font partie des critères de sélection. Un candidat trop individualiste, même avec de réelles capacités physiques, sera éliminé. Nous ne postulons pas pour une quelconque équipe de France de sport individuel, mais bien pour une unité où la force de cohésion et la complémentarité sont indispensables. *"Simul et singulis"* : être ensemble et rester soi-même. Devise empruntée à la Comédie-Française, comme un clin d'œil pour moi.

La cerise sur le gâteau, ce sont les fameux tests d'agressivité sur lesquels s'attarder un petit peu s'impose.

Me voilà à présent au gymnase pour les épreuves tant attendues par certains et redoutées par d'autres. Le test d'agressivité ou comment libérer l'animal qui est en nous, sans aucune provocation ni désir de vengeance : je pénètre dans le dojo aux murs duquel trône le portrait de Jigoro Kano, le fondateur du judo. D'un coup d'œil, j'aperçois, assis sur des bancs, ceux qui s'avéreront être le médecin, l'infirmier, auprès duquel siège une bouteille d'oxygène, le commandant en second, le responsable des sports de combat de l'unité, et enfin l'ensemble des cadres de l'instruction. Je distingue des traces de sang fraîches sur le tatami, qui laissent deviner les échanges amicaux des combats précédents. Les jeux du cirque 2.0 battent leur plein.

Je fais face à mon adversaire dans le regard duquel brille une farouche détermination. À vue de nez je ne pense pas lui rendre de poids. Nous sommes équipés d'un casque en mousse, d'une paire de gants de boxe et de protège-tibias. Les consignes sont simples : il n'y a qu'une règle, c'est qu'il n'y a pas de règles ! Seule la morsure n'est pas autorisée et les coups de pied dans les parties fortement déconseillés. Le but de ce test est de vérifier la capacité de chacun à se défendre ou à défendre quelqu'un. La pratique d'un sport de combat reste un plus, mais seul le résultat final importe. L'envie et la ténacité seront jugées.

Nous commençons nos échanges, à toi, à moi,

dans un ballet de déplacements et d'esquives digne d'une démonstration entre gens de bonne compagnie. Nous sommes immédiatement interrompus :

— Vous foutez quoi là ? Si vous êtes venus ici pour enfiler des perles, vous pouvez rentrer chez vous ! Rentrez-vous dedans ! Premier et dernier avertissement !

Je comprends alors qu'il va falloir élever le niveau d'agressivité dans nos échanges. Les coups de poing deviennent plus appuyés, les coups de pied moins fluides. Chercher à faire mal sur chaque frappe, encaisser sans broncher ou presque. Un crochet déstabilise mon adversaire qui titube légèrement. Cela déclenche sa colère, il se jette sur moi afin de rendre la monnaie. Les souffles deviennent plus courts, les coups commencent à faire mal, les corps s'entrechoquent, les balayages nous déséquilibrent, nous finissons parfois au sol mais les saisies restent approximatives (gants de boxe obligent). La technico-tactique est oubliée, sortir vainqueur est la seule chose qui compte à cet instant. Le coup de pied au visage que je viens d'asséner signe la fin du combat. Titubant, l'autre s'écroule KO, ma frappe n'était certainement pas des plus puissantes mais la fatigue accumulée les jours passés et la dette en oxygène due à l'intensité de nos échanges auront eu raison de sa vigilance. Je m'arrête sur-le-champ. On ne frappe pas un homme à terre. Immédiatement, on m'interpelle :

— Qu'est-ce que tu fous ? Achève-le ! Pourquoi tu ne le finis pas ?

Et moi de répondre en essayant de reprendre mon souffle :

— Ça ne sert à rien, ça ne m'amuse pas !

Je n'ai pas le temps de me justifier plus longuement que le corps médical est déjà au boulot. Le doute m'assaille un instant. Aurais-je dû le finir ? Mais ça n'a pas de sens ! Je n'étais pas forcément meilleur que mon adversaire, mais peut-être plus coriace à cet instant précis. Ma réponse fut appréciée à sa juste mesure.

Toutes ces épreuves se déroulaient sous l'observation permanente des cadres de la formation. Pour terminer, entretien individuel avec le commandant d'unité. En 1990, celui-ci est un capitaine. Il m'interpelle :

— Girardin, avec un carnet de notes comme le vôtre, vous ne devriez pas être là. »

Effectivement, depuis six ans qu'il a quitté l'école de Chaumont, sa notation n'a pas décollé. Il répond :
— C'est vrai mon Capitaine, j'ai rencontré quelques difficultés de parcours, mais je pense qu'elles sont derrière moi aujourd'hui.

— Comment vous sentez-vous ?

— Fatigué, mais heureux d'avoir été au bout !

Et l'heure du verdict approche :

« Après avoir reconditionné l'ensemble des matériels utilisés, nettoyé l'armement, les véhicules, nous faisons mes camarades et moi un brin de toilette avant l'annonce des résultats. Je me revois fatigué, littéralement mâché, mais sans grands bobos apparents. Les corps ont souffert. Je regarde mon sac d'affaires personnelles sur le lit qui n'a pas bougé depuis le dimanche passé. Je souris… Je prends conscience alors qu'il ne reste que très peu de candidats, l'écrémage a été sévère.

Le moment de vérité est là, tout l'encadrement est présent, le commandant d'unité également : le choix se portera sur sept d'entre nous (cinq intégreront le stage de formation dès le mois d'octobre de cette même année, et les deux autres, celui de l'année suivante, avec les recrues des prochains tests).

1er Lionel V.

2e Bruno B.

3e Yann D.

4e Jean-Michel Girardin

5e Philippe S.

À l'annonce de mon nom, un frisson m'envahit, la chair de poule me recouvre littéralement.

Je n'en crois pas mes oreilles, c'est impossible, la chance, le mérite, les astres, le talent, tout ceci a dû se mélanger. La pression retombe. Ma renaissance professionnelle pointe son nez.

Nous nous retrouvons autour du verre de l'amitié avant de rejoindre nos unités respectives, et moi ma Savoie d'adoption.

Dans le train qui me ramène à Chambéry, je réalise enfin ce qui vient de se passer... La pression est retombée. Mon corps se relâche, les larmes coulent et calé contre mon sac, je sombre dans un profond sommeil pour ne me réveiller qu'en arrivant à destination.

Je suis heureux, fier et persuadé que tous les soucis rencontrés sont derrière moi. C'est sans compter sur la capacité de nuisance de certains qui ont la dent dure, la jalousie maladive et la rancune tenace. Les félicitations des cadres de l'unité ne sont pas de circonstance, seules celles de mes camarades, heureux pour moi, m'accueillent. Le regard de certains a changé, surpris de ma réussite, mais peut-être aussi un peu impressionnés... »

Le stage de formation débutera en octobre 1990. Nous sommes en mai, plus que quelques mois à tenir... « Qu'il est long, qu'il est loin, ton chemin papa ! », chantait Joe Dassin. Jean-Mi pouvait légitimement penser qu'il avait fait le plus dur, en s'entraînant comme un forcené, en réussissant un concours d'une sévérité féroce, avec des épreuves que bien peu avaient pu seulement affronter, sans même parler de les effectuer toutes... C'était sans compter encore une fois sur la bêtise et la misère mentale de certains. Rendons-lui la parole :

« La condition sine qua non pour intégrer une unité parachutiste quelle qu'elle soit est d'obtenir l'aptitude médicale TAP (troupes aéroportées). Je me rends donc à l'hôpital militaire de Lyon pour effectuer cette visite, dont la radio du rachis doit confirmer ladite aptitude. Le résultat est sans appel : INAPTE.

Le médecin colonel m'annonce :

— Vous êtes inapte, vous présentez un défaut au niveau des vertèbres L4-L5...

Je ne peux pas entendre ça, c'est impossible. Je rentre à Chambéry, atterré, démoli. Tout s'est écroulé en un instant. Je dois affronter les sourires narquois de certains. Mais non, non et non ! Tout mon être refuse cette situation et mon caractère reprend le dessus. Je me battrai tant qu'il faudra pour franchir ce nouvel obstacle.

Mon ami François (celui qui avait été mon moniteur lors de mon premier saut) est infirmier instrumentiste à l'hôpital de Chambéry. Je l'informe de ce qui m'arrive. Aussi désolé que moi, il réfléchit un instant et me dit :

— Gigi, je peux t'avoir un rendez-vous avec un professeur pour voir ce qu'il en est exactement…

Quelques jours plus tard je me retrouve à l'hôpital de Chambéry avec mes radios militaires sous le bras. Me voilà à nouveau en train de repasser des radios (tomographies cette fois-ci) de la zone qui serait responsable de mon inaptitude. Le professeur me reçoit entre deux patients.

— Qui vous a fait ces radios ?

— Un infirmier à l'hôpital militaire de Lyon…

— C'est un imbécile, doublé d'un incompétent. Le défaut que l'on voit sur cette radio est dû à une mauvaise position de votre corps au moment de la prise du cliché. Je ne vois aucun problème particulier.

— Vous en êtes sûr ?

— Écoutez-moi l'ami, douteriez-vous de mon diagnostic ?

— Pas du tout bien sûr. Pourriez-vous m'écrire un compte rendu en ce sens ?

— Bien évidemment, ce sera fait… Je vous laisse, j'ai encore beaucoup de patients à voir.

— Merci Professeur !

Je n'en crois pas mes oreilles. Je rentre avec mon compte rendu d'expertise et file illico presto au secrétariat pour obtenir un nouveau rendez-vous avec le médecin militaire qui a statué sur mon inaptitude. Je m'entends dire :

— Non Girardin, c'est comme ça et pas autrement ! T'es inapte un point c'est tout. Sache également que l'escadron part en Guyane début août et tu es sur la liste des partants !

Ce n'est pas possible ! Si je pars en Guyane je perds le bénéfice de ma réussite et il me faudra tout recommencer l'an prochain. Pas question ! Je suis remonté comme une pendule, ronge mon frein en cherchant une solution.

Il arrive parfois que les planètes se rangent gentiment, bien bien, comme de bons petits soldats (alignez-vous, je ne veux voir qu'une tête). Le médecin colonel en question vient effectuer une fois par an la visite médicale de l'escadron, ce qui évite à l'ensemble du personnel de se rendre à Lyon. Malgré l'ordre que l'on m'a signifié de ne pas le rencontrer, je m'invite quand même, avec le compte rendu du professeur de l'hôpital de Chambéry sous le bras. Je force le passage entre deux consultants, sous le regard complice de l'infirmier de Chambéry. Je me retrouve face au médecin colonel auquel je présente mes doléances.

S'ensuit une sévère remontée de bretelles de l'auteur de cette initiative malheureuse et incongrue, discutant l'ordre (essayer de comprendre, n'est-il pas, commençant à désobéir ? !) mais je ne lâche rien, je sais que ma vie se joue là. Je lui présente le compte rendu, les nouvelles radios. Avec le recul des années, la suite deviendra risible, mais sur le moment elle sombre dans le pathétique : après lecture du compte rendu, le médecin colonel observe mes tomographies, hésite, et finit par positionner les radios, dans le mauvais sens, sur l'écran de diagnostic. Sans se démonter, feignant une erreur de manipulation, il marmonne et repositionne les clichés dans le bon sens. Son regard croise le mien avec une pointe d'agacement non feint : difficile de reconnaître ses erreurs quand l'ego joue des épaules !

Un trait noir vient rayer le tampon – INAPTE – sur mon dossier, et le Graal – APTE – le remplace immédiatement, bouclant là l'intermède médical.

Tout fier d'avoir obtenu justice, je me rends au secrétariat pour annoncer la bonne nouvelle. Mais là, c'est soupe à la grimace, grises mines, remontrances et rappels d'usage sur le fonctionnement de la hiérarchie militaire ! »

Là, je relaie Jean-Mi pour l'appuyer et sans vouloir comparer ce qui n'est pas comparable, ni sombrer dans la grandiloquence, je dois dire que cet épisode me fait irrésistiblement penser à la bassesse, aux mensonges, en un mot à la vilenie dont peut faire preuve la hiérarchie militaire dans certaines affaires que je ne citerai pas.
Rien n'est trop vil pour atteindre le but recherché. Et de

nouveau, Jean-Mi se retrouve confronté à la perversité de certains. Écoutons-le :

« À Chambéry, j'attends le message de ma nouvelle affectation pour officialiser mon départ. Cela fait déjà quelques semaines que j'ai passé les tests et tout ceci m'inquiète un petit peu. Nouvelle embrouille. Le départ en Guyane est fixé dans moins d'une semaine. La veille du jour fatidique, ma cantine est chargée dans le convoi qui doit transporter les bagages et le matériel à Roissy. Toujours pas de message officiel. Je téléphone à l'EPIGN en expliquant mon problème.

— Écoutez Girardin, le message d'affectation a été envoyé il y a quelque temps déjà, si vous n'êtes pas là en octobre c'est mort pour vous !

Je refuse ça, si près du but, je ne peux pas l'accepter.

Dédé, un vieux de la vieille, opérateur radio avec qui j'entretiens d'excellentes relations, reste mon dernier espoir. Nous sommes à la veille du départ. Je lui expose la situation. Il téléphone alors à un camarade à lui, transmetteur également, mais au siège régional de la gendarmerie à Lyon. En moins d'un quart d'heure, le message, volontairement bloqué par une âme certainement charitable, parvenait au secrétariat de Chambéry, dénouant l'inextricable situation et clôturant définitivement mon séjour chambérien.

Ouf ! Je n'ai jamais remercié suffisamment DD, camarade aujourd'hui disparu et pour lequel je garde une immense reconnaissance… »

Jean-Mi intègre donc l'EPIGN, nanti d'une conséquente expérience en parachutisme. On pourrait légitimement penser que cela lui vaut un accueil sinon chaleureux, du moins respectueux. Mais non, ce n'est pas si simple. Qu'on en juge :

« J'arrive à l'EPIGN avec près de trois cent cinquante sauts. C'était bien assez pour faire naître des états d'âme chez certains, spécialisés dans le saut à ouverture automatique (certains apprécieront) et donc peu enclins à apprécier la génération montante. La nature humaine est ainsi programmée. La jalousie est une de ses composantes, comme le mercantilisme. Je l'apprendrai rapidement… »

Il se passe alors dans la vie de Jean-Mi un évènement qui va durablement le marquer.

« La vie n'est faite que de rencontres, malheureuses ou décevantes parfois, amicales plus souvent, amoureuses point trop n'en faut, extraordinaires en de rares occasions. Certaines changent le cours de votre vie, votre perception des choses, votre rapport à l'autre, vous font grandir, vous rendent plus beau, plus brillant, vous façonnent, vous subliment sans bruit, sans artifice. Telle une chrysalide quand la métamorphose opère. Cette rencontre, je l'ai vécue, elle a un nom, un surnom dont la seule évocation fait rejaillir du fond de moi près de trente ans de souvenirs, un frisson mélancolique chargé d'un soupçon de nostalgie, une admiration à peine cachée pour un homme atypique. Philippe de prénom, ARCHY tel fut son nom !

Cet homme-là fut mon chef, mon guide, mon grand frère, mon camarade, mon ami. Sportif, brillant, visionnaire, épicurien de la première heure, Casanova de la troisième dimension, interface des parachutismes civil et militaire, il vivra pour sa passion, de sa passion, débordant d'énergie, sur le fil de la réglementation quelquefois, régisseur, meneur, tel Kaa, personnage de Kipling, il vous entraînait dans son monde par un "Aie confiance Fils !" Toujours bienveillant. Il maniait l'humour suivant un spectre allant de la finesse la plus juste à la potacherie la plus extrême, très loin de la bien-pensance et du politiquement correct, expression langagière que j'exècre pour l'idée qu'elle véhicule et qui tue à petit feu notre esprit gaulois.

Quand il était présent, on savait que les séances de saut ne seraient pas les mêmes, les réunions et les pots de départ non plus d'ailleurs, quelque chose d'impalpable s'était installé comme un vent de fraîcheur, tout le monde progressait... Ou presque ! On se sentait plus intelligent, il sublimait les bons, motivait les indécis, instruisait les idiots... Il a bâti sa carrière d'une main de maître, forgé le jeune instructeur que j'étais...

Me voilà donc dans le Saint des saints. Cette unité dont je rêve chaque instant depuis le fameux séjour en Nouvelle-Calédonie en 1987. Trois mois de stage, pour six nouvelles recrues. Un officier et cinq gendarmes. Au programme, du kaki (entendre par là, du terrain, de la vie en campagne, du rustique, de l'aguerrissement où on apprend que le froid et la faim ne sont que des états d'esprit), du nautique, du technique (tir, explosif, cordage...), du technico-tactique, observation, intervention, filature, sport de combat en tout genre, plus le sacro-saint brevet de parachutisme militaire pour les non brevetés d'entre nous dont je fais partie.

"Par le ciel pour servir", me voilà à la Mecque du parachutisme militaire, l'École des troupes aéroportées de Pau, l'ETAP, au cœur du Béarn, le corps affûté, le regard vif, le torse bombé et la coupe de cheveux réglementaire prêt à m'élancer une nouvelle fois d'un avion, en plein vol, en parfait état de fonctionnement.

Avant toutes choses, il convient d'effectuer les tests TAP suivants : trois tractions, une marche commando de 8 kilomètres, avec un sac à dos de 11 kg, en moins d'une heure, précédé d'un 1 500 mètres en moins de 7 minutes 30. Pourquoi ces chiffres ?

Les tractions permettent de vérifier qu'il vous sera possible de plier les élévateurs de votre parachute une fois ouvert afin d'en influencer la trajectoire de déplacement pour éviter les rencontres avec les autres en plein ciel et les obstacles au sol.

Le 1 500 mètres correspond à la distance qui devrait être la distance maximum (sauf erreur de largage ou autre incident) qu'un parachutiste devra accomplir à l'issue du saut pour rejoindre son groupe de combat en un point défini à l'avance et cela en moins de 7 minutes 30.

Le 8 kilomètres correspond à la distance que le groupe de saut devra parcourir ensemble en moins d'une heure pour s'éloigner de la zone de saut sur laquelle "l'ennemi présumé" est censé vous intercepter.

Ces deux exercices sont entrecoupés d'une pause de 30 minutes maximum afin de permettre à chacun de reconditionner son matériel et de reprendre ses esprits.

En formation à l'EPIGN, après avoir été largué dans le désert de Platé, en Haute-Savoie.

Nous effectuerons six sauts à ouverture automatique réglementaires dont un de nuit, un avec ouverture du parachute ventral et un avec gaine. J'en vois déjà qui sourient, non, la gaine n'est pas ce sous-vêtement en tissu élastique qui ennoblit les silhouettes féminines, mais un sac-gaine individuel dont la charge peut atteindre 40 kg à l'appellation peu explicite pour les non-initiés : sac-gaine EL32, accroché de façon solidaire sous le parachute ventral et largable à quelques mètres du sol.

Je découvre le parachutisme militaire qui, à ce niveau de formation, n'est autre qu'une technique de mise à terre, ni glamour, ni confortable, au posé d'une brutalité, d'une rudesse souvent électrique, pouvant çà et là susciter de petits désagréments au mieux, de petites frayeurs parfois, mais toujours dans l'esprit de corps. Il n'y a point de bonheur sans courage, ni de vertu sans combat : merci Jean-Jacques Rousseau.

Brevet de Parachutisme Militaire n° 556136, à chacun de connaître son numéro sans jamais faillir. L'ETAP deviendra un peu mon annexe de formation puisque j'y réaliserai de nombreux stages durant mes quinze années à l'EPIGN. Mais cela reste une autre histoire.

À l'issue de cette formation de trois mois je serai affecté au groupe montagne. Comme un clin d'œil à mon ancienne unité de Chambéry. Notre quotidien sera fait d'entraînement physique, de maintien des compétences et de perfectionnement au tir, de séances de saut régulières permettant à certains de s'aligner pour l'année, à d'autres de se perfectionner techniquement en chute mais également en conduite sous voile (partie du saut souvent sous-évaluée mais essentielle à la sécurité) et à d'autres encore, de s'aérer les neurones. La particularité du GSIGN réside en sa liste bleue (liste ô combien convoitée par les autres corps, merci Archy !) ; elle permet à ses membres (issus du GSPR, de l'EPIGN et du GIGN), même sans qualification parachutiste militaire, de sauter d'un avion militaire lors des séances de sauts organisées par nos services aériens : seuls sont exigés une licence de parachutisme sportif et un minimum de sauts dans l'année. Fini la corde à vaches (SOA) et les posés fracassants souvent traumatisants pour les corps, entraînant de fait des problèmes de sous-effectif et de répartition du personnel sur l'ensemble des missions sensibles et exigeantes du quotidien, véritable casse-tête pour nos services RH. Faire bien avec peu, la copie toujours propre… Est-ce cela que l'on appelle communément le professionnalisme ?

Bien évidemment, de nombreuses missions agrémentent notre quotidien : transfèrement de détenus particulièrement sensibles, mise en sécu-

Saut sur Tignes, en 1998

En 1998, sur la tranche arrière du Transall C160, au largage au-dessus d'Albertville, lors de l'entraînement des chuteurs opérationnels du GIGN (parachutistes sautant en équipes et largués à haute altitude en territoire hostile, dans le cadre de missions sensibles).

rité d'édifices et de lieux particuliers (Élysée, Marigny, Palais de justice, JO d'Albertville, Coupe du Monde de football…), perquisitions à grande échelle où de nombreux effectifs sont nécessaires, missions d'observation et de renseignement au profit de nos camarades de la gendarmerie départementale, encadrement au profit des équipes légères d'intervention des escadrons, mission de protection du chef d'état-major des armées, missions à l'étranger au profit de nos ambassades…

Je reviens un instant sur ces fameuses missions d'observation et de renseignement. Un groupe dénommé GOR (Groupe observation/renseignement) avait été créé au sein de l'unité, de façon officieuse dans un premier temps, afin de renforcer nos camarades de la gendarmerie départementale en peine d'effectifs et de moyens matériels pour mener à bien des enquêtes judiciaires consommatrices de temps, de moyens humains et techniquement exigeantes. Le noyau de ce groupe était constitué de quatre personnes et régulièrement renforcé par l'ensemble du personnel opérationnel de l'unité. Sa mission était tout aussi officieuse que sa position dans le cadre légal de la gendarmerie, mais jamais "borderline". Pas vu, pas pris diront certains. Les résultats encourageants et concluants du GOR, au sein duquel j'ai effectué quelques renforts, ont permis sa reconnaissance et son officialisation sous le nom de FOR (Force observation/recherche) ; actuellement, l'efficacité et le professionnalisme de cette force ne souffrent plus d'aucun doute.

Si vous ajoutez à toutes ces missions les stages à l'ETAP de Pau, les compétitions et les démonstrations de parachutisme, le taekwondo… le panier est bien rempli laissant peu de moments privilégiés avec la famille. »

Les gendarmes de l'EPIGN sont régulièrement envoyés en mission aux quatre coins du globe. En 1993, c'est en Somalie que Jean-Mi s'en va : Corne de l'Afrique… Mogadiscio !

« Après la chute du régime de Siad Barre en 1991, la Somalie et plus particulièrement le cœur de la capitale Mogadiscio, est aux mains des pillards. Le pays est ravagé par la famine et la guerre civile. Dans le cadre de la mission ONU-SOM, les Nations Unies s'escriment à trouver une solution pacifique à ce conflit qui perdurera de 1992 à 1995. Les ONG, quant à elles, fidèles à leur mode de fonctionnement, s'évertuent à enrayer la famine du peuple.

Juin 1993. Depuis deux mois, une équipe de cinq hommes de l'EPIGN est détachée auprès de l'ambassadeur, Monsieur A. Deschamps, représentant spécial du gouvernement français. Le temps de la relève a sonné et une nouvelle équipe constituée de Ptilu, Nono, Jack, Donatien et moi est envoyée sur place. Nous quittons Satory sous un ciel de printemps, pour rejoindre la chaleur écrasante de la corne africaine. Nous embarquons à Paris sur la ligne régulière de l'Esterel pour une courte escale à Djibouti avant de nous envoler une nouvelle fois à bord d'un Transall C160 de l'armée française vers Mogadiscio. Très cher C160, avion cher à nos cœurs, compagnon efficace et émérite de nombreuses actions françaises à travers le monde, élément indispensable de nos formations parachutistes, difficilement remplaçable dans sa redoutable efficacité.

À notre arrivée, nous découvrons une ville dévastée, remplie de ruines, imprégnée d'une tension palpable qui nous obligera au bout de cinq jours à rester cloîtrés dans l'enceinte de l'ambassade. Les premières journées relativement calmes nous permettent de nous familiariser avec la ville, d'effectuer nos repérages d'itinéraires, de prendre contact avec les autorités militaires de l'ONUSOM avec qui nous aurons un certain nombre de relations, parfois tendues. Comment concevoir quand on est un officier supérieur de l'armée française, commandant du détachement français à l'ONUSOM, qu'un sous-officier (petit gradé) de gendarmerie soit l'interlocuteur privilégié d'une haute autorité civile d'État ? ! Ce court mais intense intermède somalien nous apprendra bien des choses sur la compétence de chacun.

L'ambassade de France est un grand bâtiment faisant également office de résidence de France. Comble de tout, elle jouxte la résidence du général Aïdid, "persona non grata", opposant direct des forces onusiennes ! Le personnel français est composé d'une secrétaire qui malheureusement nous quittera de façon tragique, d'un intendant et d'un chiffreur pour les correspondances radio et satellitaire sécurisées. Nous disposons de matériel radio et d'un armement suffisant pour assurer la protection rapprochée de l'ambassadeur, de défendre les intérêts de la résidence et du personnel français, mais insuffisant pour répondre de façon durable aux éventuelles attaques contre l'ambassade, d'où l'intérêt de travailler avec les militaires français de l'ONUSOM. La résidence dispose d'une sécurité privée, composée de personnels locaux qui assurent la garde du bâtiment, d'un personnel de maison (cuisinier jardinier) et d'un chien. Il y a toujours un chien ! (Comprendront ceux qui ont voyagé de par le monde de cantonnement en cantonnement.)

Nous organisons le seul et unique déplacement de Monsieur Deschamps, représentant de la délé-

L'ambassade de France à Mogadiscio. On avait étendu un grand drapeau français sur le toit pour être bien repérables par nos alliés et éviter des erreurs de frappe.

gation française, dans un village à quelques kilomètres de la capitale. Nous disposons pour nous déplacer de deux véhicules pick-up aux couleurs de la France, dans lesquels nous plaçons nos gilets pare-balles de façon préventive. Le déplacement se déroule sans encombre. Nous apprendrons à notre retour qu'une embuscade a eu lieu peu de temps après notre passage sur l'itinéraire aller, contre un convoi humanitaire. Sommes-nous passés plus tôt que prévu, ou bien cette attaque ne nous visait-elle pas directement ? Rien ni personne ne saura le dire. Nous sommes dans l'œil du cyclone, mais nous ne le savons pas encore.

Les informations sur l'évolution politique nous arrivent en direct. Rien ne s'arrange, au contraire, tout semble indiquer que la tension monte d'heure en heure. L'ambassadeur, diplomate expérimenté, riche d'une longue carrière et d'une grande expérience nous explique régulièrement la situation dans les grandes lignes.

Malgré tout, une journée calme et sereine se dessine. La base militaire située à quelques centaines de mètres de notre position dispose d'une plage sécurisée, permettant à chacun de se rafraîchir, à discrétion. La demande nous en étant faite, nous organisons le convoi pour le déplacement. Je subis, à mon tour, les affres de la cuisine locale qui m'oblige à rester malgré moi à l'ambassade, laissant ma place à Nono. Choix qui se révélera judicieux à plus d'un titre, dont le premier se concrétise pour moi dès le départ du convoi par un passage obligatoire sur le trône, le deuxième interviendra plus tard lors d'un épisode plus malheureux. La secrétaire s'invite à la dernière minute à cette baignade organisée. Le destin est parfois cruel. Après, tout s'enchaîne très vite, moins d'une demi-heure plus tard la radio crépite, c'est P'tilu… Il se passe quelque chose, je ne sais pas quoi, ses mots sont inaudibles, mais au son de sa voix je comprends que quelque chose de grave vient d'arriver… requ… secrét… puis plus rien. La liaison radio reste capricieuse, je me déplace pour trouver la meilleure zone d'émission/réception possible. Je finis par comprendre ce qui s'est passé, j'en informe immédiatement l'ambassadeur, c'est l'horreur, la secrétaire a été victime d'une attaque de requin !... Elle est morte ! Comment est-ce possible ? Pourquoi elle ?

Lors de leur départ de la base, les Américains ont enlevé les filets anti-requins qu'ils avaient installés. La mer ressasse ce jour-là une eau trouble, la houle est généreuse et le vent pousse au large. Un bateau pakistanais mouille à quelques encablures de la plage et déverse, sans doute régulièrement, ses déchets alimentaires dans la mer. À son arrivée sur la plage, la secrétaire se jette à l'eau et se laisse emporter au large, sans panique, elle est somme toute une bonne nageuse d'après le personnel de l'ambassade. De temps à autre, la houle la fait disparaître du champ visuel de mes camarades restés sur la plage. Donatien est déjà dans l'eau, pour tenter de la faire revenir au bord. Soudain au creux d'une vague, c'est l'horreur : un cri, des bras qui se lèvent, et le sang qui noircit une mer trouble… Excellent nageur, Nono se jette à l'eau, mais comprenant rapidement que le courant demeure fort, il en sort et court récupérer une chambre à air de camion, qui fera office de bouée, puis repart dans cette eau tumultueuse qui n'invite plus du tout à la villégiature, accompagné par un militaire italien présent à ce moment-là et qui a assisté à la scène dramatique. Au passage, il récupère Donatien qui commence à fatiguer de lutter contre cette houle formée. Après des instants qui semblent interminables, la malheureuse est montée sur la bouée et ramenée sur la plage après une longue lutte contre le courant. Malgré tous les efforts prodigués pour la ranimer, elle a cessé de vivre. Pendant le sauvetage aquatique, P'tilu a organisé les secours médicalisés, et un hélico de l'armée italienne arrivera sur place pour évacuer le corps sans vie de la jeune femme.

À l'ambassade, le temps s'étire interminablement. Le retour de l'équipe est accablé par le désarroi, l'ennemi a frappé mais pas celui qu'on attendait. L'officier français de l'ONUSOM semble avoir pris les choses en main après l'évacuation du corps et en informe Monsieur Delmas. Notre autorité souhaite se rendre auprès de la dépouille dès le lendemain et me demande de rassembler quelques affaires lui appartenant pour l'habiller. Nous nous rendons à la base militaire sur les conseils de l'officier supérieur, qui croit savoir où se trouve le corps. Difficile de repérer la morgue militaire, force est de constater que l'officier ne le sait pas non plus... J'entends alors la colère très diplomatique de l'ambassadeur s'exprimer en des termes peu flatteurs à l'encontre de notre colonel de l'armée française, termes dont j'ai oublié aujourd'hui la teneur. Enfin, à notre arrivée à la morgue, je me rends à la chambre mortuaire, où je découvre un corps sans vie, amputé d'une jambe au niveau de l'aine. Ce requin-là devait être gros… très gros sans nul doute. Je me prépare à habiller la malheureuse lorsque l'infirmier américain me fait comprendre que ce travail lui incombe et qu'il s'en chargera. C'est certainement mieux comme ça.

La tension monte d'un cran chaque jour, un détachement pakistanais qui distribuait des sacs de nourriture s'est fait sauvagement attaquer et dépouiller par des Somaliens affamés. Résultats, vingt morts. La pression s'accentue, exactions, embuscades, ripostes quotidiennes. Nous comprenons qu'il convient de disposer sur le toit de l'ambassade un grand drapeau français pour nous faire connaître des appuis aériens de l'ONUSOM, friands de ripostes aériennes contre les forces de notre voisin, le général Aïdid. Nous installons également un poste rudimentaire d'observation composé de sacs de sable. Celui-ci s'avérera utile, les convois de l'ONUSOM sont pris à partie, les ripostes aériennes, régulières. Nous ne bougerons plus de l'ambassade. De notre poste d'observation, sur le toit, nous assistons avec Nono à une embuscade contre un convoi de l'ONUSOM. Tout va très vite, on entend les coups de feu sans trop savoir à qui ils sont adressés et d'où ils viennent, et tout à coup le claquement caractéristique du projectile qui passe très très près, tellement près que l'on met quelques secondes à réaliser ce qui vient réellement de se passer : balle perdue ou tir raté ? Le "clac" caractéristique du projectile qui vous frôle, l'oreille qui est frottée, une sensation désagréable au niveau du tympan, le projectile est passé entre la tête de Nono et la mienne, qui ne sont séparées que d'une vingtaine de centimètres, derrière notre abri de fortune, et s'est figé dans le sac de sable juste derrière nous… Nous quittons notre abri, en rampant sur le toit pour redescendre à un niveau plus sûr. Ce n'était pas l'heure !

Chaque nuit, des assauts sont menés contre les forces du général Aïdid, la position politique de la France nous place entre le marteau et l'enclume. Les négociations diplomatiques ont atteint leurs limites. L'heure n'est plus à la négociation, la décision de fermer l'ambassade de France est prise au plus haut niveau de l'État. Son évacuation est programmée pour le lendemain matin. La nuit est courte et tendue pour nous qui ne dormons que d'un œil. Nous organisons notre départ et attendons les forces françaises qui doivent nous escorter jusqu'à l'aéroport où un C160 nous attend.

Le temps passe, la tension monte, pas de blindés en vue. Notre départ est forcément connu de la population locale ; les gardiens quittent leur poste, protégeant leurs arrières, laissant la résidence de France à la disposition d'une population locale pas forcément tout acquise à notre cause. Nous prenons alors la décision de nous affranchir de l'escorte militaire car le temps presse, des coups de feu claquent tout autour. Nous évacuerons l'ambassade en deux temps, priorité est donnée à Monsieur Delmas que nous convoyons à grande vitesse vers la base aérienne dans nos véhicules aménagés comme d'habitude avec nos gilets pare-balles. Lors de ce déplacement, un ingénieur du son de TF1 dont nous croisons la route sera touché mortellement par une balle. Les coups de feu sont fréquents dans ces rues dévastées et nous ne saurons jamais à qui ils sont vraiment destinés.

Dès que nous déposons en lieu sûr l'ambassadeur, nous repartons chercher le reste du personnel et de l'équipe. À notre arrivée, les portes de la résidence sont béantes, des gens ont commencé à piller le matériel laissé sur place. La pompe à eau du puits sera la première victime. La résidence est prise d'assaut par cette armée de gens cherchant ce qui pourrait lui permettre de survivre au quotidien, nourriture, vêtements, appareils électriques, petit matériel. Aucune agression ou animosité particulière à notre égard. Ces gens-là ne sont pas ceux qui font la guerre, mais ceux qui la subissent, ceux qui veulent survivre à celle-ci.

Les forces françaises arrivent au moment où le deuxième convoi s'apprête à partir. Nous laissons derrière nous le personnel local à son destin, et quelques documents diplomatiques sans grande importance enfermés dans le coffre, sacrifié lui aussi. Nous traversons de nouveau une partie de Mogadiscio dévastée. Des coups de feu claquent encore et toujours le long du parcours. Les blindés français nous accompagnent jusqu'à l'aéroport, merci à eux !

Nous embarquons quelques minutes plus tard, l'ambassadeur et l'ensemble du personnel français, à bord du Transall C160, avec les pick-up arrimés dans la soute, destination Djibouti. Dans l'avion les visages sont fermés, une pensée pour notre jeune secrétaire nous accompagne tout le long du voyage. À l'arrivée, nous sommes accueillis par l'ambassadeur de France à Djibouti. Accueilli est un bien grand mot : dès l'ouverture de la tranche arrière de l'aéronef, ses premiers mots sont pour son homologue, qu'il dirige directement vers sa voiture, et il n'a aucune parole pour nous autres ; montrant un étonnant empressement à vouloir récupérer les deux véhicules, il nous laisse de fait sur le tarmac, avec armes et bagages, sans plus aucun moyen de transport. Nous pourrons heureusement compter sur la force de persuasion de M. Deschamps pour intercéder en notre faveur et sur la grande générosité de nos camarades gendarmes en poste à Djibouti qui nous hébergeront chez eux, en attendant notre retour en France. Mais combien de temps ? Rien n'est prévu non plus de ce côté-là. Pas de vol journalier, et encore moins de place sur les vols programmés.

Ces vacances forcées que nous acceptons bien malgré nous se terminent sans préavis, dans la précipitation. Nous voilà à l'aéroport de Djibouti, dans un indescriptible chaos au passage en douane et à l'embarquement à bord. Il me semble que nous jouons au jeu des chaises musicales, une foule de passagers veut à tout prix obtenir une place à bord comme si ces places n'étaient pas réservées. Un petit côté, premier arrivé, premier servi. La tension est palpable et va crescendo. Notre matériel est toutefois enregistré, il ne nous manque plus que les visas de sortie. C'est alors que le douanier en charge de la sécurité portuaire et de la délivrance de ces visas, face à la cohue pressante, quitte soudain son poste, refusant de facto de délivrer de nouveaux visas de sortie. Les passagers vitupèrent de plus belle. Malgré la cohue générale, je suis proche du pupitre du douanier et je m'aperçois qu'il a laissé derrière lui, en évidence, le tampon de visa de sortie. Instinctivement, je le récupère et tamponne aussi vite que possible tous les passeports de l'équipe… enfin, presque tous, puisque je suis surpris le tampon dans la main avant de finir ma besogne.

Je suis amené manu militari par un soldat au bureau de police où je comprends que ma situation risque d'être compliquée. Soit j'avoue et je pense alors devoir passer quelques jours de plus dans la corne africaine, au frais du contribuable, soit je mens en avançant l'explication la plus crédible possible. Le calcul est vite fait, devant des hommes en armes aux regards sévères et quelque peu inamicaux, je me présente comme un membre de la diplomatie française (ce qui n'est pas tout à fait faux) en charge des questions de sécurité et j'explique qu'ayant vu l'agent des douanes quitter son poste en oubliant le tampon des visas de sortie, il m'a semblé évident et de bon sens, de récupérer celui-ci avant qu'il ne disparaisse, et de l'apporter le plus rapidement possible à l'autorité compétente locale… À ma grande surprise, mon cinéma fonctionne à merveille, l'officier responsable procède devant moi à une remontée de bretelles de son subalterne, et tout en me remerciant de mon geste, il s'excuse du désagrément occasionné. J'en suis quitte pour un petit coup de stress, et je retourne vers mes camarades et nous embarquons, tels de hauts fonctionnaires d'État, sans que mon passeport ne soit visé par le visa de sortie du territoire.

Au décollage, un Mirage de l'armée française escorte notre avion, nous rappelant que l'espace aérien n'est pas forcément des plus sûrs dans ce coin du globe. Peu de temps après, il disparaît, je comprends alors que l'épisode somalien est derrière nous. »

La Mirage nous escortant pendant notre départ.

Une mission succède à une autre, et la suivante envoie Jean-Mi dans l'ancienne Hispaniola (Haïti). Une des nombreuses îles dans la mer des Caraïbes, partageant ses terres entre la République dominicaine, destination privilégiée des touristes en quête de chaleur, et la République d'Haïti la miséreuse. Là, il effectuera deux séjours au profit de l'ambassade de France, ou plus exactement du « chargé d'affaires » de l'époque. Passant outre l'aspect purement professionnel du séjour, Jean-Mi préfère s'attarder ici sur l'aventure humaine, le vécu intime du moment. Il pratique depuis quelques années déjà le taekwondo ; auréolé d'un certain niveau de pratique, au détour d'une reconnaissance d'itinéraire, il découvre un jour un club, ou du moins ce qui semble en être un.

« Je gare mon pick-up, pénètre dans ce bâtiment qui n'invite pas au tourisme.

La salle est située à l'étage, les couloirs sont sombres, l'humidité colle à la peau, la chaleur ambiante assomme et invite plutôt au repos. Je me demande si j'ai bien fait d'entrer et pense un instant faire demi-tour. Quand je pénètre dans la salle, moi, petit homme blanc, tous les acteurs du moment s'arrêtent de combattre, seuls les sacs de frappe continuent leur balancement accompagnant dans un grincement de chaînes un silence pesant. Les regards se tournent vers moi, empreints de nuances peu poétiques. Je suis dévisagé. Ma présence gêne certainement, questionne sûrement, irrite peut-être un petit peu. Je pose ma voix d'une manière engageante mais ferme, afin de masquer ma légère et légitime angoisse :

— Bonjour, est-ce que je pourrais voir le responsable de la salle ?

Un homme de petite taille aux cheveux grisonnants s'approche alors de moi et dans un accent créole et un très bon français me répond :

— Je suis Master Théodat, que désirez-vous ?

J'explique alors qui je suis, ce que je fais sans trop de détails inutiles et je dis surtout que je suis pratiquant.

— Est-ce que je pourrais venir m'entraîner avec vous ?

Après un certain temps de discussion, Master Théodat m'invite à revenir dans deux jours pour une "évaluation".

Quarante-huit heures et quelques points d'interrogation plus tard, me voici en tenue, prêt à me mesurer aux pratiquants locaux, à passer un test; Et là je sens, à travers les échanges de coups, s'exprimer toute la misère du pays, ses frustrations, son avenir incertain. Ma condition physique me permet de résister et de surnager malgré tout. La chaleur a redoublé sous les efforts, et c'est avec beaucoup de volonté que je me sors de ce piège dans lequel je me suis volontairement fourré, et je termine non sans mal mon "évaluation". Je serai définitivement accepté par l'ensemble des pratiquants avec lesquels je m'entraînerai régulièrement pendant mon séjour.

Avec l'équipe de taekwondo, à Haïti.

À la fin des séances, je raccompagne certains d'entre eux en pick-up, dans leurs quartiers respectifs (interdits aux étrangers de surcroît blancs !) leur évitant ainsi des frais de taxi très coûteux pour eux. La première fois, je m'engage dans des rues inhospitalières, certainement pas référencées dans le *Guide du routard*. Plus je roule dans ce bidonville, plus le doute s'installe en moi… Le passager assis à mes côtés, sentant mon trouble, se veut rassurant et me dit que je ne risque rien en sa compagnie, gage de sécurité, et que je pourrai dès à présent revenir dans ces quartiers si peu accueillants. Mon véhicule est repéré, et définitivement connu, mon visage de Blanc facilement reconnaissable, mon sauf-conduit. Je raccompagnerai régulièrement, outre mes camarades de jeu, l'ensemble du personnel de l'ambassade (cuisinier, femmes de ménage…). Une forme de respect s'est établie, mais pour moi, la prudence restera de mise. On ne sait jamais. »

En 1997, Jean-Mi participe aux festivités organisées pour l'anniversaire du premier saut en parachute.

« Déjà deux cents ans que le premier saut en parachute a été réalisé par André-Jacques Garnerin, sautant d'une montgolfière au-dessus du parc Monceau à Paris. Pour célébrer cet évènement, le ministère des Armées organise un saut interarmes au-dessus de Paris, avec un posé sur le Champ-de-Mars. La gendarmerie en sera une des composantes majeures. L'armée de l'Air est indissociable d'un tel événement car elle fournit bien évidemment l'avion, notre indéfectible Transall C160, les commandos parachutistes et toute une équipe de largueurs dont le chef n'est autre que Patrick Castella, onze fois champion du monde en voile contact (excusez du peu !), quinze mille sauts à son actif (ça calme !), meneur d'hommes doublé d'un technicien hors pair. Il sera l'un de mes passagers test lors de l'examen de ma qualification civile de pilote biplace. (Je vous dis pas la pression !)

Pour rendre l'événement aussi attrayant que possible pour le grand public, des invités de premier ordre sont conviés à participer à la grand-messe et à sauter en tandem au-dessus de Paris. Jean-Paul Belmondo (faut-il encore présenter notre Bébel national ?), Michel Drucker (dinosaure du petit écran), Natty (célèbre coco-girl du *Collaro Show* des années 80 et épouse de Bébel), Sylvain Augier (animateur TV de l'émission *La Carte aux trésors*), Marie-Claire Restoux (championne olympique de judo en 1996 à Atlanta). Ces invités de premier choix sauteront tous avec les pilotes biplaces de la gendarmerie.

Rendez-vous est donné à l'ensemble des protagonistes à la base aérienne 107 de Villacoublay. Le temps est idéal, Saint Michel est avec nous. Nous déjeunons dans un brouhaha généralisé, entraîné par l'excitation de cette journée inédite et de ce moment de partage interarmées. Puis, vient le moment que je qualifierai de grâce. Le silence devient subitement assourdissant, le temps en suspendra son vol. Jean-Paul Belmondo vient de rentrer dans le réfectoire. Il paraît presque gêné de nous déranger, nous saluant d'un geste très amical, nous invitant à poursuivre notre repas. Une salve d'applaudissements, marque d'un profond respect et d'admiration, résonnera pendant un long moment. L'aura de ce gars semble incroyable !

Des frissons parcourent encore mon corps à cet instant même, alors que je revis virtuellement ce moment.

Je me retrouve assis dans l'avion, en face de Bébel, Drucker et Archy qui comme à son habitude captive son auditoire. J'en profite pour faire des photos. J'en remettrai quelques-unes à Jean-Paul Belmondo, en main propre, quelque temps plus tard, à l'occasion d'une invitation au Théâtre des Variétés, où il joue dans une pièce de Feydeau, *La Puce à l'oreille*. Une leçon de théâtre, une performance endiablée ! Je partagerai quelques instants privilégiés dans sa loge à l'issue de la représentation. Magique ! J'en savoure encore l'instant.

On dit que la vie n'est faite que de souvenirs, celui-là restera gravé dans mon disque dur sans nul doute possible. Je reste encore aujourd'hui heureux et fier d'avoir participé à un évènement empreint d'une telle dimension symbolique.

22 octobre 1997, avec Bébel, entre autres. Inoubliable !

Je saute à la verticale de la Tour Eiffel. Dès le posé, je suis interviewé par la télé espagnole TVE.

Un journaliste s'adresse à moi :

— *Holà señor ! Una palabra por tve ?*

Mon espagnol reste scolaire, mais je réponds de façon instinctive :

— *Claro que si, porque no ! Pero mi español no esta tan bueno ! Prefiero hablar en Frances !*

Le journaliste sourit et m'invite dans un français enveloppé d'un charmant accent ibérique à donner mon sentiment à chaud. Comment évoquer cet instant magique, grandiose, ce cadre fabuleux, sans rendre hommage à Monsieur Garnerin, premier parachutiste de l'histoire connu ? Paris n'est-elle pas la plus belle capitale du monde ? 1797… 1997, merci Monsieur Garnerin, c'est depuis ce moment-là que l'on croit savoir pourquoi les oiseaux chantent.

Après quelques années au sein de mon unité, me voilà détaché à l'État-Major, aux services aériens, sous les ordres de mon ami Archy, services dont la mission première est de gérer l'ensemble des activités aériennes du GSIGN. Le travail est loin d'être seulement "stratif", les séances d'entraînement sont régulières, disséminées sur une grande partie du territoire, parfois conjointes avec des régiments TAP (13ᵉ RDP, 2ᵉ REP, 9ᵉ RCP…) au travers de formations spécifiques pour nos stagiaires ou de recyclage pour nos chut'ops (chuteurs opérationnels). Tout ce qui faisait mon quotidien d'opérationnel à l'EPIGN s'évanouira inexorablement bon gré mal gré. Les portes s'ouvrent quand d'autres se ferment. Fini pour moi, les déplacements outre-mer, les missions spéciales d'observation et de renseignement, de protection d'autorité, les entraînements spécifiques aux tirs, aux franchissements… enfin tout quoi !

Je vivrai, mangerai, dormirai para tout le restant de ma carrière, de stages en formations, et de compétitions en démonstrations… Du saut, encore du saut rien que du saut… Sans oublier le taekwondo pour boucher les trous. Pourquoi faire simple quand on peut faire compliqué. Au taquet le Jean-Mimi ! Je n'appartiendrai plus à mon unité d'origine et basculerai définitivement à l'EM pour le restant de ma carrière un peu avant le passage au XXIe siècle. »

La vie de Jean-Mi à Versailles-Satory dans le cadre de l'EPIGN ou de l'État-Major du GSIGN est donc de tout autre facture que celle qu'il avait vécue lors de son séjour chambérien, marqué par les tracasseries incessantes. Pourtant inexorablement pourrait-on dire, son caractère « espiègle » se manifeste encore de temps à autre…
Il nous raconte :

« Il me revient un épisode qui en dit long sur mon état d'esprit politique, en décalage avec l'esprit et les convenances militaires.

Archy m'indique qu'il ne pourra pas se rendre à la réunion de l'État-Major hebdomadaire et me demande de le remplacer :

— Tu ne dis rien, tu écoutes et tu me raconteras la messe à mon retour.

Me voilà donc en réunion d'État-major. Le

colonel commandant le GSIGN, son chef secrétaire et l'ensemble des chefs de service sont présents pour ce rendez-vous du vendredi matin, tous gradés et issus pour la majorité d'une des unités du groupement. J'écoute sagement les interlocuteurs de l'assemblée rendre compte et soulever les différents problèmes rencontrés dans leurs services. Vient alors le moment où l'on aborde l'activité aérienne, la gestion des sauts et les minima requis à effectuer annuellement par l'ensemble des personnels opérationnels ou non opérationnels, pour continuer à percevoir la fameuse solde à l'air, prime mensuelle chère à l'ensemble des personnels TAP mais consubstantielle à l'exécution des fameux six sauts à ouverture automatique annuels réglementaires. Ces six sauts ne concernent que les personnels ne possédant pas de qualification militaire spécifique, comme peuvent l'être les personnels de l'État-Major. Le nom du gendarme O (dit Totoche), membre de l'EPIGN, est mis au pilori. BEES 2e degré de plongée, instructeur plongée de la gendarmerie, formateur auprès de la fédération française de sports aquatiques et subaquatiques, Totoche est régulièrement détaché au CNING d'Antibes (Centre national d'instruction nautique de la gendarmerie). Entre les missions à l'étranger et en France et les différents stages, participer à une séance de saut pour s'aligner (entendre, avoir le nombre de sauts annuels requis) devient périlleux, d'autant plus que la météo n'est pas toujours au rendez-vous le jour J, et l'on peut concevoir qu'il est parfois nécessaire pour l'équilibre du couple, de la famille et pour soi-même, de passer un peu de temps avec ses proches, en repos ou en permission.

Son sort semble avoir déjà été réglé en amont de la réunion en cours... plus de solde à l'air, faire un exemple, difficile à entendre, à comprendre, quand d'autres personnels au planning moins chronophage ne présentent pas, eux non plus, le nombre de sauts requis.

Je prends donc la parole, mais la formulation n'y est pas.

— Mon Colonel, si je peux me permettre, avant de prendre ce genre de décision, il serait de bon ton de montrer l'exemple, et jusqu'à preuve du contraire vous n'êtes pas aligné, comme beaucoup d'autres d'ailleurs !

Voilà, c'est dit et bien dit... Tous les regards se tournent vers moi, chargés de stupeur, étonnement, indignation, comment un simple gendarme peut-il s'adresser à un officier supérieur, qui plus est, commandant le GSIGN ? Un silence glacial rafraîchit l'atmosphère déjà glacée. Il va sans dire que je me sens seul, très seul. Les cireurs de bottes et les langues marron déchaînent sur moi leur suffisance hiérarchique. Prends-en pour ton grade mon ami !

En off, dans les couloirs, on me laisse entendre que, même justifiées, certaines choses ne sont pas à dire. Le fameux "oui, mais… tu comprends…" qui permet d'avancer sans bruit et de faire une carrière honorable. Le cas Totoche sera finalement éludé, il finira par s'aligner et ne saura jamais rien du mini-séisme que son cas aura provoqué.

Pour ma part, je ne participerai plus aux réunions de l'État-Major, durant quelque temps. Étonnant non ? !

À son retour, Archy me dit :

— Put'… Gigi, tu fais chier… Je t'avais dit de rien dire !

Connaissant le personnage, j'en apprécie le compliment, je sais qu'il n'en pense pas moins. Il serait certainement monté au créneau pour défendre notre camarade, avec beaucoup plus d'entregent, face à cette iniquité de traitement.

Je paierai mon caractère entier par une notation annuelle qui, loin d'être destructrice, m'empêchera de gravir les échelons attendus au regard de mes fonctions, formations, diplômes et qualifications. De bonne guerre diront certains, quand on sème on récolte parfois.

Le parachutisme sera mon exutoire, j'y déverserai souvent mon amertume, bien vite diluée par l'esprit de camaraderie et de corps qui y règne souvent. Je deviendrai, malgré tout, chef du service des matériels aéroportés (Mat Tap), j'en serai le gardien du temple, en gérerai le budget, assurerai l'achat des parachutes, leur entretien, leur mise en conformité, recruterai des GAV (gendarmes adjoints volontaires) que je formerai au pliage. J'y plierai pour ma part des centaines des milliers de voiles principales et des centaines de voiles de secours sauvant à bien des reprises la vie de mes camarades et la mienne en quelques occasions.

2003-2004, années de tous les défis. Déjà presque vingt ans que je tombe des avions et que j'use mon corps à la pratique martiale. J'arrive à un point de saturation professionnelle et une petite voix m'invite à orienter ma vie vers d'autres horizons.

Sortir de ma zone de confort, remise en question perpétuelle. Pourquoi ? Je ne sais pas, une force invisible et pourtant bien présente m'entraîne. Toujours envie de faire quelque chose de nouveau, apprendre, me spécialiser, maîtriser mon art et recommencer. Faire, parfaire, défaire. Un manque de stabilité diront certains, un syndrome d'hyperactivité peut-être ou tout simplement la marque d'une vie par défaut.

2003 sera l'année de mon brevet de parachutiste professionnel pour la Direction générale de l'aviation civile, la DGAC. Ce brevet me permettra de transporter des passagers en parachute biplace dans un cadre extra-sportif. 2004, l'année de mes deux brevets d'État, BEES 1er degré, le premier en parachutisme et le second en taekwondo. La fin du chemin n'est pas encore là, mais malgré tout, les prémices apparaissent en filigrane.

Concours de circonstances, rencontres, connaissances. Les choses se font lorsqu'elles doivent se faire. Je fais la connaissance d'Éric Magnan, parachutiste et réalisateur en cinématographie aérienne, lors de la projection d'un de ses films au format IMAX, *Sky Dance*, à La Géode, au parc de la Villette à Paris. Nous sympathisons, parlons para et échangeons nos numéros de téléphone.

Quelques semaines plus tard, Éric m'appelle.

— Salut Jean-Mi, tu te rappelles de moi ?

— Oui bien sûr, comment vas-tu ?

— Bien, très bien même, je me suis engagé sur un prochain long métrage en tant que réalisateur des prises de vues aériennes, j'ai donc besoin d'un para pro pour une ou deux séances et j'ai pensé à toi. Ça te dirait de participer au film ?

— Ah ben oui, pourquoi pas, faut voir, pour quel genre de film ?

— *Les Chevaliers du Ciel*, Tanguy et Laverdure

quoi ! Avec dans la distribution Benoît Magimel, Clovis Cornillac, Alice Taglioni, Géraldine Pailhas, Philippe Torreton…

Que du beau monde !

Impossible de dire non.

— Ça consiste en quoi exactement ?

— Je te dirai, j'te rappelle !

Me voilà donc en train de cogiter à cette proposition aussi soudaine qu'inattendue. Ne jamais forcer le destin.

Quelques jours plus tard, le téléphone sonne… Éric.

— Salut Jean-Mi, toujours ok pour le film ?

— Plus que jamais bien sûr !

— Alors écoute, il va falloir que tu formes Alice Taglioni aux principes de base de la conduite sous voile, que tu lui apprennes à simuler un posé, que tu me fasses des images aériennes de paras qui sortent d'un avion en freefly, une simulation d'éjection au-dessus de Paris et un peu de figuration pour couronner le tout ! Ça te va ?… Ok ! Ah oui, j'oubliais, il va falloir facturer tout cela à la prod. Tu es déclaré ?

Je réponds un oui qui se veut rassurant.

— Ok, j'te rappelle.

Les choses vont vite, très vite. Il va falloir être à la hauteur.

Éric me rappelle.

— Bon, Jean-Mi, réunion à venir à Paris avec la DGAC, le réalisateur du film Gérard Pirès, les pilotes, le préfet et moi-même pour caler le saut sur Paris. Toujours bon pour toi ?

— Bien sûr !

— Super, j'te rappelle.

…

— Oui, c'est encore moi, j'oubliais, tu as rendez-vous la semaine prochaine, sur la base aérienne de Villacoublay pour rencontrer Alice Taglioni et la former. Il faut que ce soit concis. Sur un tournage, le temps c'est de l'argent, donc il faut optimiser. Tu ne lui fais pas un cours didactique. Ça servira à rien, de toute façon c'est toi qui vas sauter sur Panam. C'est juste pour le raccord image du posé. À plus, j'te rappelle.

…

Nouvel appel, sur messagerie cette fois-ci.

— Salut Jean-Mi, j'ai prévu une semaine de tournage sur la base aérienne 115 d'Orange. Nous pourrions sur une journée nous rendre au para-club d'Avignon pour le tournage des paras en chute. J'te rappelle pour qu'on cale tout ça. Ah oui, j'oubliais, pour la figuration c'est à la Ferté-Alais que j'aurai besoin de tes services prochainement. Si tu as des potes qui veulent venir c'est super, en plus ce sera les derniers jours de tournage, ça devrait être sympa. À plus. J'te rappelle.

Tout va très vite, je fonce la tête dans le guidon, finir mes BEES, auxquels je me rajoute ce film. Je suis sorti de ma zone de confort. Je jonglerai entre jours de repos, de permission et récupération pour honorer ce calendrier chargé. Il est temps pour moi de quitter la gendarmerie. La boucle est bouclée.

Alice Taglioni, notre Julia Roberts à nous, en pleine révélation dans les années 2000, sera la "méchante" dans le film de Gérard Pirès. Cette femme est belle, grande, ses yeux gris-vert agrémentent de bien belle manière un sourire charmeur. Sa voix révèle une certaine assurance et l'impatience d'agir. Échange de banalités… Bonjour, enchanté, comment allez-vous, prête pour la formation, vous avez des questions ?... Nos échanges restent simples et courtois, moi plus par une timidité cachée mais surtout par raison. Je ne suis pas là en spectateur, fan ou simple curieux, mais pour faire le job. Pas le moment de faire le joli cœur, rester pro, être crédible… mais savourer l'instant quand même. Alice se prépare à tourner une scène aérienne dans un simulateur de vol, sur fond vert. Nous ne disposerons que de quelques minutes pour aborder l'aspect technique du posé en parachute. Qu'à cela ne tienne, tout sera dit, concis, l'essentiel comme spécifié par Éric. Instant de fugacité déconcertante, évolution dans un monde que l'on souhaiterait être sien.

Je reverrai Alice sur une scène raccord, posé en parachute dans un terrain vague de Nogent-sur-Marne, après la scène de l'éjection de l'avion. J'effectuerai le saut sur Paris simulant l'éjection, avec un camarade à moi, Lionel, pour des besoins évidents d'images supplémentaires au cas où. Prévoir l'imprévisible.

Je croiserai une dernière fois Alice à Toulouse, à l'avant-première du film, quelques mois plus tard. Je fais la queue à l'entrée de la salle de cinéma attendant patiemment avec ma tendre et douce l'ouverture des portes. Il y a cohue dirait-on ! Il y a toujours du monde dans ces moments-là, surtout quand les comédiens et le réalisateur accompagnent la sortie promotionnelle du film. Des voix s'élèvent dans la foule. Les voilà ! Dans une cohue qui se fend en deux arrive l'équipe du film. Commentaires, selfies en tous genres.

— Bonjour Alice, vous me reconnaissez ? Je suis Jean-Michel, on s'est rencontrés sur le tournage.

Instant d'hésitation, il faut dire que les mois sont passés par là.

— Ah, oui, comment vas-tu ? Je suis désolée, je n'ai pas le temps… On est déjà en retard tu sais…

Une voix l'appelle… Alice on t'attend !

— Désolée, il faut que j'y aille ! me dit-elle.

Son grand sourire en guise d'excuse sera sa rédemption

Je découvre le film comme tous les autres spectateurs. Je savoure de me voir sur grand écran, instant de narcissisme égoïste absolu, fier de voir mon nom au générique de fin, "coordinateur des cascades parachutistes".

J'approcherai le cinéma à de nombreuses autres occasions, à travers la figuration. J'effectuerai la doublure de François Cluzet dans *Le dernier pour la route*. La scène sera coupée au montage, dommage direz-vous (tout ça pour ça !). Ces intermèdes cinématographiques me laissent penser que le figurant est au cinéma ce que le décor est au théâtre, indispensable, interchangeable, inutile parfois. Ses horaires sont extensibles, sa disponibilité doit être entière et parfois, il arrive qu'il ne tourne pas. Frustrant dites-vous ? L'expérience reste cependant enrichissante. Seul Olivier Marchal, réalisateur du film *Les Lyonnais* dans lequel j'aurai un rôle de "silhouette" me laissera une impression de profond respect, doublé d'une approche humaine sincère et véritable. Toujours voir le verre à moitié plein… mais ce monde n'est pas le mien. Clap de fin ! »

Jean-Mi quitte la gendarmerie en juin 2005. Il revient à Chambéry auprès de Martine et ses deux enfants, Julien et Marie. Le parachutisme et le taekwondo seront un temps ses principales activités.

Avec mon ami Archy à mon pot de départ, en décembre 2004.

Un de ses plus beaux souvenirs restera sans nul doute le saut en tandem avec Ménie Fracassetty, mamie de quatre-vingt-dix ans, ancienne résistante de la Seconde Guerre mondiale, qui voulait par cette prouesse rendre hommage à ses anciens compagnons d'armes et à son mari, le capitaine Rémy, qui libéra la ville de Bourgoin-Jallieu en août 1944. Saut à 4 000 mètres, une minute de chute libre à 200 km/h et six minutes sous voile. Elle entra pour l'éternité dans le grand livre des records du monde. Cet exploit obtiendra quelques lignes dans le quotidien local, honorant cette gentille mamie, mémoire vivante de notre passé.

Le parachutisme ne s'exercera plus que de façon saisonnière, permettant à notre Jean-Mi d'occuper un certain nombre de places que l'on qualifie communément de « petits boulots ». On dit petits car ils ne durent jamais longtemps, pas en raison de leur moindre importance : ambulancier, chauffeur pour personnes à mobilité réduite, plongeur et serveur en restauration, directeur de restaurant, commercial, agent de sécurité à l'Unesco, conseiller sécurité en Afrique pour un groupe pétrolier… mais pas que !

Jean-Mi rebaptisé affectueusement Jean-Miche Muche par les copines de sa fille, ayant maintenant délaissé le parachutisme et le taekwondo, enchaînera ces différents emplois au grand dam de sa douce et tendre. Une dernière fonction d'officier de sécurité pour un grand patron du CAC 40, ou plus exactement une grande patronne, lui

permettra de voyager encore à travers le monde, durant quelques années, cherchant encore sa voie, bien loin de son chemin de Damas, ressassant le passé d'un « si j'avais su… » en filigrane.
Des années que trotte en lui ce sentiment de frustration contenue, ce manque indéfinissable. Il nous raconte :

« Voilà que Tante Lolo (demi-sœur de Maman), membre de l'association Théâtre Pour Rire de Cognin (banlieue de Chambéry), me fait savoir que la troupe de théâtre cherche désespérément quelqu'un pour remplacer au pied levé un co-médien parti précipitamment. Réfléchir vite et bien (cela n'a jamais fait bon ménage et pour un garçon, difficile de faire deux choses en même temps), c'est peut-être trop tard, pourquoi pas, allons-y, nous verrons bien, qui a peur est un peureux… et puis quoi c'est pas ce que tu as tou-jours voulu faire, alors plus d'excuses… en avant Guingamp !

Rendez-vous est pris avec la présidente, Annie, fondatrice de la compagnie en 1980. Lecture du texte (*Potiche*), premier essai. Tout colle, mais le temps presse, nous sommes déjà fin novembre et la première est prévue la première quinzaine de février. Il va falloir bachoter mais pas que. Répéti-tion, filage, italienne, le stress monte et atteint son paroxysme le jour de la générale.

... P'tain je me rappelle de rien !

Je ne rentre que dans le deuxième acte. Mes camarades sont déjà dans l'arène, déroulant leur texte. J'entends les rires du public, feutrés au début et plus spontanés au fur et à mesure. Cela fait du bien, réconforte, rassure un peu… si peu. C'est donc cela le trac ! Je ressens au moment de l'entrée en scène le même sentiment que lorsque j'ai quitté pour la première fois un avion en plein vol. Un bon gros shoot d'adrénaline. Je suis seul au monde. Ma prestation n'est pas des plus remarquables, loin s'en faut, mais les encouragements et les félicitations sont quand même de mise. Amateur vous dites ? !

L'envers du décor est exaltant, l'accueil du public est enivrant. Quoi de mieux ? C'est donc ça dont je rêvais.

Je réitérerai l'expérience pendant trois saisons, toujours avec autant de plaisir, mais malheureusement la nécessité de faire bouillir la marmite aura raison de cette passion réalisatrice de soi, m'empêchant d'être au rendez-vous chaque année.

Le Théâtre Pour Rire a la particularité d'être composé d'amateurs passionnés et d'être sublimé lors des représentations par des décors de belle facture. Les décorateurs en sont la colonne vertébrale, la présidente la chef d'orchestre et les comé-

Sur les planches avec la compagnie du Théâtre Pour Rire.
À gauche avec Philippe Dompnier dans *Paul m'a laissé sa clé !*
À droite, avec Annie Dompnier dans *Potiche*.

diens la substantifique moelle. La force de cette compagnie est de pouvoir se produire chaque année au théâtre municipal Charles Dullin de la ville de Chambéry, et pour cause : l'ensemble des recettes collectées lors des représentations est reversé dans son intégralité à la Cantine Savoyarde Solidarité, restaurant solidaire dont les Restos du cœur s'inspirèrent dans les années 80. Le théâtre amateur en sort grandi.

Lors de la représentation de *Paul m'a laissé sa clé !* en 2016, deux évènements particuliers se produiront. Le premier sera la visite de l'auteur de la pièce, François Scharre, fait plutôt rare, exceptionnel pour des amateurs. Ses félicitations nous iront droit au cœur. Ego, ego quand tu nous tiens.

Le deuxième évènement se produira lors de la dernière au théâtre Charles Dullin. Je peux dire en toute modestie que nous avions été bons et la chaleur du public à chaud à l'entrée du théâtre nous en fut témoin. Un petit garçon d'une dizaine d'années accompagné de sa maman s'approche de moi au milieu de la foule d'inconnus, d'amis. Je suis encore dans mon costume de scène, coloré et excentrique. Il me regarde comme si j'étais le père Noël. Une flamme illumine son visage d'enfant. Je me penche vers lui, le regarde dans les yeux.

— Alors… ça t'a plu ?

— Oui…, me dit-il. C'est **ça** que je veux faire plus tard !

Magistral élan du cœur.

Des frissons parcourent mon corps, l'intonation de sa voix ne laisse aucun doute sur sa sincérité.

Et moi de lui répondre :

— Si c'est ça que tu veux faire plus tard, alors… ne laisse jamais personne te dire non !

Voilà pourquoi l'on joue, pour ces moments de grâce et de bonheur intense. Je me revois enfant, persuadé que ma vie aurait dû être celle-là. La prochaine fois, je ne laisserai personne me dire non ! »

****

Archy...

Ce 27 septembre 2021 restera gravé dans ma mémoire.

Le ciel est gris et lourd comme mon cœur, et déverse toute sa peine par flots discontinus, au-dessus de la caserne Pasquier, sur le plateau de Versailles-Satory. Nous sommes tous là, sa famille, ses proches, ses amis, ses camarades, ses connaissances, par dizaines, centaines… gendarmes, militaires de toutes les armées, policiers, civils, tous réunis pour accompagner Archy, Monsieur Archy. Les garages de la caserne font office de chapelles, les visages sont fermés mais des échanges de sourires, de clins d'œil, en disent long sur le cœur de ces hommes, sur les années qui passent, sur les moments passés privilégiés, de solidarité en mission, de complicité en entraînement, de courage et d'abnégation dans l'adversité. Les honneurs militaires lui seront rendus, par des femmes et des hommes d'élite peu habitués, dois-je l'avouer, à l'exercice protocolaire du "Présentez Armes !"

L'émotion est à son comble quand le cercueil de notre camarade pénètre dans les sous-sols du bâtiment, bercé au son d'une cornemuse à la gloire de notre ami. Les frissons envahissent les chairs, les âmes, les larmes coulent discrètement, sans bruit sur beaucoup de visages, laissant un goût amer aux coins des lèvres. Des mains discrètes essuient cette onde lacrymale qui en dit long sur l'amitié, sur la vie, sur le temps qui passe. Être digne… toujours ce paraître qui dirige nos émotions, nos comportements, notre libre arbitre.

Les discours s'enchaînent. Vient mon tour, Coco l'épouse d'Archy m'a demandé d'écrire quelques mots, "à ta façon", m'a-t-elle dit… "cela sera parfait !" Exercice difficile, très difficile et incommensurablement délicat mais qui me remplira d'une immense fierté et d'un indicible bonheur. Je m'approche du pupitre, face au cercueil de mon ami, mes mains tremblent, mon cœur s'emballe. Mon regard croise celui de Coco debout à quelques mètres de moi, l'émotion me submerge, ne pas craquer, je sens tous ces regards sur moi. Se calmer, respirer, je ferme les yeux durant quelques secondes. Me voilà de nouveau à la porte de l'avion lors de mon premier saut. Toutes ces secondes me paraissent une éternité…

Je me lance…

— Philippe de prénom, Archy tel est son nom…

Il est des moments où la sincérité des émotions sublime vos paroles. Je me persuade que mon ami Archy peut avoir entendu mon cœur s'ouvrir à ce moment-là... J'en serai félicité par un grand nombre, remercié par beaucoup. Brillant même, aux dires de certains et pas des moindres. J'en pris bien note. Ego quand tu nous tiens.

Ce discours sera pour moi une sorte de thérapie, un exutoire.

J'avais un camarade… Ce chant militaire de la Légion étrangère résonne d'une tout autre façon aujourd'hui… J'avais un camarade, de meilleur il n'en est pas…

Sénèque a dit un jour : "La vie est comme une pièce de théâtre, ce qui compte ce n'est pas qu'elle dure longtemps mais qu'elle soit bien jouée. L'endroit où tu t'arrêtes importe peu. Arrête-toi où tu voudras, pourvu que tu te ménages une bonne sortie."

Archy avait certainement de nombreuses autres scènes à jouer. Il laissera une empreinte indélébile dans nos cœurs et nos âmes.

******

Encore quelques mots, pour vous ma famille, qui m'avez indéniablement inspiré, vous mes amis sans qui je ne serais pas, ou peut-être ne serais-je plus. Je reste intimement persuadé que ma vie n'aurait pas dû être celle-là, mais dans la vie il n'y a pas de hasard, et toi, tu devais être là... Oui Toi ! mon ami en train de lire ces lignes... que je n'ai pas cité dans ce récit, qui pourrais te sentir meurtri, offensé, blessé.... Alors non je te rassure, je ne t'oublie pas. Tous ces instants rapportés ne sont que des instantanés qui n'occultent en rien toutes ces tranches de vie passées avec toi, de complicité, de confidences, de doutes - bien au contraire. Tu fais partie de ma vie, tu es dans ma mémoire vive, tu écriras certainement mon futur, je te dois beaucoup, et pour cela je te dis merci, merci et encore merci. Longue vie à toi l'Ami !

Et merci à toi, Noël, complice littéraire, sans qui ce livre n'aurait sans doute jamais existé.